風水名師
詹惟中的獨創開運書，
全方位解析流年，
讓你2023年玉兔迎春，
好運年年增！

詹惟中
2023
開運農民曆

作者序

輕鬆掌握，兔年個人運勢，趨吉避凶好運來

農民曆結合我所獨創的東方星座開運書，已經出版好幾年了，許多讀者對於紫微斗數的理念非常認同，並且給予支持。而本書最重要的工作，就是把複雜的紫微斗數做簡化，將艱澀難懂的學說，做出簡要詳細的分析，並透過三個重點：每個人出生的「年」、「月」、「時辰」，來為各位拆解出二〇二三年的運勢解析。

這系列的農民曆是命理界的一大突破。怎麼說呢？因為用淺顯易懂的文字，讓各位讀者都可以輕鬆看懂、讀懂。

這本農民曆，會利用每個人出生的時間再搭配紫微命盤，做出精

準的運勢分析。不以生肖為主，而是以天干來看，先抓出一個人的出生年，再加上固定的紫微流年命盤，就可以發現在不同的年份中，會有五顆星曜產生微妙的變化，它們都固定坐落在自己流年命盤的某個宮位，而我們將以此來推論一整年的吉凶禍福。

首先，我們先從出生的農曆月份來看，每個人都會特別關注的桃花、人脈和血光。代表桃花的是「天姚星」，而代表人脈的是「左輔星」和「右弼星」，代表血光的是「天刑星」。只要從它坐落的位置我們就能得知每個人二〇二三的運勢，進而得之新的一年該如何增強自己的運勢、預防血光之災。

其次，我們從出生的時辰來得知你的功名、破財運。在紫微斗數裡總共有分成幾種貴人：「天魁星」與「天鉞星」代表的是年長貴人、「左輔星」與「右弼星」代表的是平輩貴人、「文昌星」與「文曲星」代表的智慧貴人，就是我們所說的功名運！先掌握貴人的類型，就可以從不同方面加強，好運加倍！「天空星」和「地劫星」，則是紫微斗數裡代表破財的兩顆星曜，找出破財的原因，加以小心謹慎，就能在新的一年守著財富。

最後，與財運有關的「祿存星」、跟災難有關的「羊刃星」與「陀羅星」，還有上段提到的「天魁星」與「天鉞星」，是用出生的西元年份來判斷。如何在兔年尋找可以真正支持你的好朋友呢？誰可以帶給你更好的運氣、能夠幫助你最大呢？誰又可能是你的小人、傷害你的人呢？現在就翻開這本書，利用你的出生年月時辰，就能夠簡單查找囉！

希望新的一年，本書可以為大家帶來好運，祝福各位讀者二〇二三年，兔飛猛進，揚眉兔氣！

CHAPTER 3

從出生時辰看功名、破財

CHAPTER 4

從農曆出生西元年尾數看貴人、財運、疾厄

CHAPTER 5
兔年開運農民曆

【附錄】

二〇二三兔年 總運勢大預測

二〇二三年，是農曆的癸年，有四顆星曜，會產生很微妙的變化。分別是破軍星、巨門星、太陰星與貪狼星，搭配上四化，化祿、化權、化科、化忌，左右著二〇二三年的大運勢。四化，除了代表春夏秋冬，也有另外的意義，便是象徵財富、職場工作、桃花或名聲，以及災難。癸年四顆星曜的變化，分別是：破軍星化祿、巨門星化權、太陰星化科，以及貪狼星化忌。

破軍星化祿

破代表破耗，軍則象徵具有革命的個性的人物，像是：軍人、警察等等。破軍星也是顆個性比較剛烈、愛恨分明、直來直往的星曜。破軍就代表著一定要破壞，破壞制度，破壞現狀，除舊迎新，去蕪存菁之後，才會有新的發展。

癸年的破軍化祿，「祿」代表錢財，它便轉換成財運財星，因此與破軍星特質相關的個性跟工作，都會有好財運，例如：中古屋買賣、二手物品拍賣等等，都是舊的物件收進來，整理後再轉售。又如：室內裝潢、室內設計、拆除相關工作，或是有機器運作的製造業，甚至是理髮師，只要帶有先敗後成，先破壞再創造意義的行業，都能有好運勢與好財運。

另外，軍、警、檢、徵信社，這些從業人員，帶有破軍的性格的職業，也會有財運跟好運，今年的客戶會非常多，會非常忙碌，因此，不要再逃避工作了，偷懶懈怠都不是今年該做的事情，要勇於面對挑戰，勇敢嘗試，會有很好的發現跟發展。最後，你的存款會變多，笑容會變更燦爛，好運的帶動下，職場上會更加的得心應手。這就是破軍星的威力，看起來沒有錢，卻是暗藏多財運的一個現象。此外，破軍化祿，也象徵帶有革命性的任務會成功，例如：公司的改革、國家制度的改變，當然也有可能是發生戰爭。不過，在革新的陣痛之後，將會迎接更成功、更賺錢的一年。

職場上的晚輩們也能幫助到你。尤其是今年，可以好好借助年輕人的叛逆和衝勁，身為前輩或主管的你，就放手讓他們去闖、去發現，接納他們的創意與建議，你將發現其中有不少將來一定能成大事的潛力股，而今年他們的成就將會是你最亮眼的成績單。

大破大立的概念，對應到自己身上的時候，代表今年也有很多可以努力的地方。首先，每天居住的房子，如果會有想改動的想法，就放心去做吧！將家裡裝潢成自己覺得舒適的樣子，住起來也舒服！如果不是要改裝潢，買房賣屋或是擴充房產，在今年進行的話，都會是對你加分到極致的動作。家人方面，來自父母的建議能帶給你很大的幫助，長輩們的身體健康，在今年也無須擔心。此外，失散多年或疏於聯繫的手足能夠有重逢的機緣，也有可能是長期以來一事無成在家啃老的的兄弟姐妹們，今年能夠迎來事業的新生。最後是關於子女，原本感情不睦的孩子們可以重修舊好，有病痛的孩子，會慢慢康復，當然，會有懷孕生子的機會，而且不只是年輕夫妻有機會，中年夫婦也有機會有意想不到的中年得子。這些都是破軍星化祿會帶來的轉敗為勝，開低走高的微妙之處。

個人的健康部分，因為破軍星代表刀傷、血光，雖然有病痛，但是病痛也代表著破壞，那就預示著之後是朝著好的方向發展。所以，長年以來不敢面對的毛病、不敢承認的慢性病、甚至一直逃避的手術，在今年都會有機會要好好處理，而且會遇到很好的醫生，用頂級的醫療科技和藥品，幫助你恢復健康。如果沒有健康方面的憂慮，也可以安排醫美療程，或是刺青，在意義上也能算是破壞後再開創，也能帶來好運勢。

十二宮位與破軍星化祿

卯：財運亨通，可挑戰具有革命性的新事業。

辰：父母長輩的福祉，能幫你加分。

巳：創意能夠叫好又叫座，幫你賺大錢。

午：會有因為房產而帶來的獲利。

未：接受新的工作挑戰，迎接更大的成就。

申：重用晚輩或下屬，能提升自身地位與成就。

酉：離開故鄉，機會更多，成就更大。

戌：先進設備與好醫生，讓你健康無憂。

亥：工作滿檔，存款也會來到新高點。

子：孩子健康和樂，還有機會喜獲麟兒。

丑：伴侶感情升溫，貴人就是枕邊人。

寅：手足重逢，人生開創新局。

巨門星化權

巨門星，代表著口語溝通，對應到身體的部位，就是嘴巴，巨門既然代表著嘴巴，除了影響與吃相關的事情之外，口舌之爭也是今年會不斷發生的狀況。那麼來看相對應的行業領域，幾乎都會有需要溝通能力出眾的特質，簡單來說，需要口才，例如：進出口相關行業、為民喉舌的市民代表、需要辯護的律師、與吃相關的餐飲業、靠講課傳遞知識的老師們等等，在今年都會受到化權的影響而有些變動。

至於權，雖然代表責任、執著、堅持己見的性格特質，但也同時代表著權力的欲望。而化權，則是象徵口舌是非特別多，因此相關行業的人，彼此間的爭執、爭吵會愈來愈激烈，而且都還是激烈的衝突，不是能輕易化解的。和同事、長官、下屬或是客戶之間，常常會有因為溝通而造成的衝突，而且都會非常激烈。對應到大眾社會來看，剛好又適逢選舉，因此各種對候選人的詆毀、惡意中傷、訴訟都會不斷出現。朋友家人之間，也可能因為選舉而吵得不可開交，甚至傷了和氣，即使大家同住一個屋簷下，還是會彼此賭氣，甚至一見面就吵，都很有可能。

再加上化權的關係，所以基本上和嘴巴有關的壞事，都有可能會發生，例如：食物中毒、食品衛生問題、食品安全危機等等，將會有與這些有關的大災難、大爭議產生。另外，雖然醫藥領域和巨門星沒有那麼緊密且直接的相關，但今年在醫學、醫藥領域，也會有具有衝突性的事件發生。

巨門化權帶來的影響，放到國家層面來分析，而代表國家溝通的口舌，就是外交部了。今年看來國家的外交困境，會愈來愈嚴重，而在國際間的爭執、爭吵會愈來愈多。從政治的角度來看，只看國內的話，可以看作黨派之間的衝突，也會不斷爆發。或者也可以單獨套用在民意代表身上，為民發聲的民意代表，無論是會場內外，都會有不少口舌紛爭，而且衝突一旦發生，就是非常激烈的。因此，今年在政治與外交上，將會是吵吵鬧鬧的一年。

放到你我個人生活當中來看，最需要靠著說話謀生的就是老師了，師生關係今年因為巨門化權的影響，也有非常多的動盪。可能是和學生之間的爭執，也可能是和家長的意見相左，更有可能是和學校長官之間的爭論，都會不斷發生。簡單來說，當老師的人，不論是教什麼年紀的學生，從幼兒園到大學，今年的口舌是非也會非常多。

從個人的角度來看，今年健康方面是會有些狀況的，而且是與吃有關的疾病，例如：腸胃、牙齒等等。而且是大家都會出狀況的，最常見的就是舊疾復發了，千萬不要拖延，趕快看醫生並接受治療，才能確保日後的健康，畢竟牙齒和腸胃是進食少不了的器官，人活著就要能夠吃東西才行，無法好好吃東西，身體就不可能攝取足夠的營養，當然健康不起來！

巨門化權也可以放到居家空間來分析。如果家裡比較陰暗，要積極的改變和調整，看是要開窗還是調整家俱位置，或是增設燈具，就是一定要讓家裡明亮起來，才能遠離不必要的災難和家變。今年外出的時候，記得提醒自己遠離大型的車子，可以減少些車禍意外。在天然災害方面，因為巨門也代表水庫、疏洪道等等與大量的水有關的設施或現象，因此，大水災是一定會發生的，只是發生在哪一個時間，哪一個國家。我們能做的就是事先做好全方位的了解跟預防，家裡的防水措施要補強的好好補強，完全沒有的趕快準備，才能避免颱風帶來的大量雨水，也一併預防水災，進而遠離巨門化權帶來的災難。

太陰星化科

現在來談談二〇二三年癸年，太陰星化科。

太陰星這顆星耀代表著什麼呢？它代表著媽媽、代表著女性的光輝，也可以詮釋為代表柔美的事物以及柔美的女人。在今年中，只要是當媽媽的人，會得到來自小孩的肯定跟支持，即使年紀小的孩子，也會用自己的方式表達對媽媽的讚賞。成年的孩子，會感念母親的照顧與付出，如果媽媽有什麼自己的興趣或事業想發展，也會得到孩子們的支持與協助。

科，代表好名聲、好考運、好成就、好桃花，也代表著女性，表示在新的一年裡女性會比較長壽。除此之外，今年當中，家裡其他的女性家人，例如：姊姊，也會得到大家的稱讚跟鼓勵。而且女性家人的考試運、財運都會比較好。同時，女性朋友們婦女疾病的惡化會延緩，會有個身體舒適的一年。如果家裡有不只一位生病的人，相較之下女生比較會長壽，比較快恢復健康。

因此，在太陰星化科的帶動下，女性今年的運勢要比男性好些，也就是說，今年要多仰賴女性的幫助，包括，工作上的合作，事業的延伸與開創，找女性同事或合夥一起經營會更加分。再加上今年癸年，就是女人當權的年，所以貴人都會是女性居多。

最後，針對懷孕的夫婦，生女兒的機率比起生兒子是六比四，掌上明珠誕生的機會高一點點。關於小孩，可以期待的是，生病的孩子會開始好轉，本來就沒有病痛的孩子，健康狀況不須擔憂。

太陰星化科結合產生的變化，以對應的行業來說，就是建築業與醫療界。與建築業相關的討論，可以先從房地產說起。從房地產的角度來看，全世界每個國家的政府都在打房，但在新的一年，買賣房地產的制度會有所更新，對帶動整個產業是加分的，讓大家不會被打壓的太辛苦，基本上業者或投資者還是可以全身而退，安然無事的。買賣房地產的熱度會持續看漲，房地產的興盛還是可以期待的。市場熱起來的同時，好名聲也會同步揚升，在房地產的經營方面，買賣雙方，都不會染上不必要的惡名。房地產會有新生的好空間，這些好現象都是能在今年被好好期待的。

至於聚集了菁英的醫學界、醫藥界，尤其在疫情惡化的這幾年當中，癸年的太陰化科，象徵著醫學界有很多提升與進步的空間，醫學科技會有長足的進步，可以治療更多的疾病，挽救更多人的性命，研發上也會不斷有新的突破和創新。比方說：新的疫苗會再次的突破，醫學領域會有喜訊、好的事情發生。在這裡可以大膽的說，疫情的遠離，指日可待，大家擺脱病毒威脅的那一天，就快到來了。

貪狼星化忌

癸年最可怕的就是貪狼星化忌。貪狼，顧名思義就是因為貪心而帶來災難，會從感情到職場蔓延。

狼，本身有情感多波折的意思，所以今年整體來看，涉及婚外情的朋友，都要小心這段不能見光的感情，會有被揭露的可能，而且機率很高。即使不是婚姻關係，交往中的男女，其中一方或是雙方劈腿的事情也會一直發生，並且總是被發現，會被公開的。貪狼，也代表感情過分的外放而帶來危機，可能女生穿著太暴露，還周遊在不好或成員組成較複雜的場所，導致被性騷擾等等。因為場所複雜，與感情有關的壞事也會發生，也因此，惡意的仙人跳將會頻傳。這就是貪狼星，針對男男女女感情糾葛與波折，是今年最容易發生的事情。

再來看看貪狼星會給職場帶來什麼波動。在工作場合會不斷傳出的是，職場性騷擾的問題。一樣是跟男女之間的情感有關。對應到的工作領域，就屬演藝圈了，會比過往更加充斥著各種口舌是非，讓原本就已經有很多不實消息、捕風捉影的演藝圈，有更多桃色糾紛。例如：演藝人員被拍裸照或是婚外情被抓，被跟監等等，都是非常有可能發生的。

貪狼，還代表著貪心，這裡的貪心包括男人的貪污，女人的貪小便宜都算在內。例如：去年所發生的詐騙事件，因為貪圖高薪而跑到國外工作，結果生命受迫害。也可能是貪圖工作聽起來的名聲，造成自己落難，或是願意協助的人只為了貪圖一點小錢、不但毀掉商譽也讓自己鋃鐺入獄。

由此可見，貪狼對婚姻、職場來說，是會引發因為感情過度氾濫而導致災難的星曜。再加上化忌這顆烏雲密布的星曜的作用，讓舉凡居家工作、夫妻、情人之間的關係，以及在職場發生的戀情或其他感情糾葛，都容易有惡化的現象。

現在，你是不是處在劈腿的狀況中？或是正在經歷婚外情的感情困擾？是不是應該提早煞車呢？如果工作上有很多不必要該拿的錢，是不是應該小心謹慎面對呢？貪狼星化忌，就是一個因為貪念帶來災難的一顆星，會有非常可怕的結果。簡單來說，就是男的怕貪污，女的怕貪戀情感。

對應到個人身上，父母親如果感情不睦，也很有可能在今年婚姻亮紅燈，讓你被波及。同樣的，晚輩、下屬或兄弟姐妹，甚至成年已婚的孩子，在貪狼星化忌的影響下，情變、婚變都有極大的機率會發生，家人之間幫忙時，只需要提供感情上的支援就好，不要過度介入，以免被拖累甚至成為被怪罪的對象。相對於自己的感情生活，當然也會受到同樣的影響，如果你是已婚的朋友，今年可以說是婚姻危機年，有許多誤會和婚變的端倪會出現，考驗的不只是夫妻之間的感情，還考驗著處理與面對的智慧。

最後要特別提醒女性朋友，若到外地旅行，建議不要前往太落後的地方，以免遭受騷擾，嚴重的話可能失身損害聲譽。與長官或老闆出差，也要小心應酬時，酒過三巡被吃豆腐，要盡量避免讓自己陷入更大的危險中。

十二宮位與貪狼星化忌

卯：感情泛濫成災，切記別因小失大。
辰：父母遭遇感情危機或面臨健康隱憂。
巳：貪圖享樂，深陷情傷導致沉倫。
午：親友婚姻亮紅燈，家產易有變動糾紛。
未：職場桃色風波與財務風暴不斷。
申：遠離晚輩下屬的情感糾葛。
酉：旅行或出差，小心騷擾導致傷身損譽。
戌：身心都將遭遇健康危機。
亥：大破財危機顯現，小心金錢桃色糾紛。
子：晚輩或子孫，易遭血光與情傷。
丑：情變婚變機率高，要用智慧化解危機。
寅：面臨被劈腿，或是手足遭遇情變或婚變。

導讀
認識星曜

在本書的開始，先替各位將紫微斗數的每個星曜進行剖析與說明，因為，當你了解這些星曜的特色，就能對於整個流年的運勢，以及它將坐落的宮位，有更深刻的認識。

紫微斗數的星曜，分為三種，首先是「年系星」，指的是某一年出生的人，有哪些星是跟著該出生年來做推算。其次是「月系星」，是以陰曆的出生月份，來安排命盤中的位置。最後，是「時系星」，是依照出生時辰來安排。要注意的是，並沒有日系星。

星曜特性說明——年系星

首先與大家解釋的是年系星。

在紫微斗數中常用的年系星，有五個星曜，分別是：羊刃、陀羅以及天魁、天鉞、祿存。每個讀者都擁有這些星，只是因為生在不同的年份，這些星會產生不同的變化與位置，這就是年系星的特色。

首先，是祿存星。每個人都有祿存星。祿存星就是錢財星，就如福祿壽喜，「祿」就代表了多金，也代表錢財可期、享受和好福報，也代表吃穿不愁、物欲上的滿足。

羊刃、陀羅，也屬於年系星。羊刃星代表迅雷不及掩耳的災難，瞬間會奪走你的身體健康或財富，同時也包括衝突的引爆點，像是非常突發的危機，暴衝、暴怒的行為，都是受到羊刃的影響。

陀羅，也同樣代表災難，但它是慢性的災難，指因為壞習慣所逐漸形成的災難，或是隱藏著、看不見的災難。如：隱藏的癌細胞、沒有注意到的慢性疾病，生活習慣上的飲食錯誤，或是與人積怨、慢慢累積，最後帶來不可避免的血光危機。同時也包含憂鬱、多慮、躁鬱……這些情緒的累積，也都是由陀羅影響。

而陀羅位在不同宮位，就代表了不同的災難，舉例來說，如先生的夫妻宮有陀羅，表示老婆容易找他麻煩；陀羅在本命宮，代表有慢性疾病；陀羅在疾厄宮，代表癌症或隱藏疾病。

而有凶就有吉，有好就有壞，另外還有兩顆星曜也屬於年系星，也就是天魁、天鉞。這兩顆就是貴人星，而這裡的貴人，屬於年長者、有智慧的、資歷深的前輩，能帶著你逢凶化吉。天魁星通常以男性貴人為主，天鉞星則通常以女性貴人為主，有陰陽的差別。但凡看到這兩顆星入了本命，代表貴氣逼人、氣質風度極好，可能面相上有酒窩，多聽長輩的話，能替你逢凶化吉。

星曜特性說明——月系星

月系星，共有四顆星曜：天姚星、左輔星、右弼星、天刑星。這些星曜是以出生年的農曆生月，如一月、二月、三月等等，以此類推來看你的運勢。也就是以出生的月份，來論星耀的座位。例如：左輔、右弼每個人都有，但是一個順時鐘跑、一個逆時鐘跑，又因為出生月份的不同，導致每個人的坐落宮位會不同。

首先介紹天姚星，天姚是一顆大桃花星，我們會說「天姚入命、入流年，招手就能成親」。如前述所提，每個人都有這顆星，只是看你出生的月份，坐落的宮位不同。所以許多藝人、政商名流都是看天姚星，來推算出結婚的好時機、好流年。

當天姚坐落在不同位置，你的運勢就會有不同的變化。假設天姚坐落在流年的福德宮，就代表這一年中，你吃喝玩樂、遊戲、運動等等活動都可以有好的桃花。若天姚進入本命宮，代表你異性緣非常好，天姚一進入流年，代表該年會左摟右抱，追求者、愛慕者都眾多。

再來，如果一個人的流年中遇到左輔、右弼，表示他很會搞笑、很會模仿，笑語如珠，談吐間幽默風趣，十分迷人。所以，有時有些人長得其貌不揚，但人脈卻非常好，異性緣極佳，就可能有左輔、右弼跟著本命。若跟著流年，代表他那年會特別活潑、迷人，思緒非常跳躍。

左輔、右弼也代表平輩的緣分。如果本命遇到，或者流年遇到，多跟平輩接觸，那麼財源就能廣進。最重要的重點，請各位要記得，左輔、右弼表示左呼右應，甚可說是一呼百應、人脈好，而且代表幽默、風趣，事業有商譽，工作認真，依靠朋友可以打天下，群眾魅力良好。

最後，人都會有生老病死、受傷跌倒等等意外狀況，這要看的，就是天刑星。天刑星，代表的是血光、刀傷、官司，代表會有很多爭執，以及想法、觀念上的衝突，甚至拔刀相向。而血光，包含剖腹生產、微整型，都屬於不可不避的小刀。天刑星坐落本命，該擔心破相，而坐落流年，該年就要注意血光。

星曜特性說明——時系星

時系星，就是與時辰產生關聯的幾顆星，以此來推論我們的未來運勢。包含我們有沒有破財的危機、和親人的感情好壞與否，這些都是可以看出來的。而這四顆時系星，分別是：天空、地劫和文昌、文曲。

天空星，「空」代表突如其來的大破財，例如：去賭博卻全盤皆輸，或者股票、樂透全部沒中獎，也就是指太多貪念造成的瞬間破財。地劫，代表慢性惡習的破財，比方說抽菸，看似不大的消費，卻是長期存在、累積、不斷增加的消費；或是慢性疾病，不斷看醫生；或是蒐集成癖，不斷花錢，也包含股票進進出出，漸漸形成的金錢浪費。總而言之，地劫會一直不斷地挖走你的財富。

舉例來說，如果地劫星出現在先生的夫妻宮，先生可能要支付老婆無止無盡的贍養費。如果天空星出現在福德宮，代表你可能一擲千金，豪賭一場，最後導致家破人亡。這就是這兩顆星的特性。

接著，就要介紹這兩顆非常多讀者會詢問的星：文昌、文曲星。有很多讀者會想知道讀書運好不好、才華有沒有辦法得到延伸發展，就是看這兩顆星。

文昌，代表有執照的部分。高考、普考、醫生、建築師，這些都屬於文昌。文曲，代表的則是運動、畫畫、雕刻、美術。像張大千是藝術大師，但沒有畫畫的執照，他的才華就屬於文曲。而老師我也沒有命理師的執照，僅能算是特殊才能，也屬於文曲。

舉例來說，如果兄弟姊妹宮有文昌，代表你的兄弟姊妹比你還會讀書。奴僕宮有文曲，代表朋友會找你去吃喝玩樂，帶你進入另一個花花世界，會有口福、眼福、耳福、享福。如果你本命帶文曲，那麼你就是才華出眾，且才藝過人，有特殊才能，可能會去參與奧運比賽，而相關才藝比賽，你都會出類拔萃。

最後，時系星、月系星和年系星的重點，也在此整理給大家：

	福星	須注意
年系星	天魁、天鉞、祿存	羊刃、陀羅
月系星	左輔、右弼、天姚	天刑
時系星	文昌、文曲	天空、地劫

本書對於二〇二三年紫微斗數的解析，就是依靠星曜的特性去編排，藉由命宮的轉變，來算出各位的流年運勢。祝福各位在新的一年，都能提前掌握自己的運勢，逢凶化吉，平安順利。

Chapter 1

兔年運勢排行榜

二〇二三年，金兔年即將到來！
究竟是哪些人能在新的一年裡獲得先機，
能夠發光發熱，或者是需要特別注意的一年呢？
這一章將八大運勢的前三名做了總整理，讓你先看先贏！

從天姚星 看桃花最多前三名

巳
福德宮
午
田宅宮
未
官祿宮
申
奴僕宮
辰
父母宮
酉
遷移宮
No 1
卯
本命宮
戌
疾厄宮
寅
兄弟宮
No 2
丑
夫妻宮
No 3
子
子女宮
亥
財帛宮
桃花最多 NO.1：農曆出生月份 3 月
如蝴蝶採蜜，主動追求。
桃花最多 NO.2：農曆出生月份 1 月
身邊出現好桃花，有望步入婚姻。
桃花最多 NO.3：農曆出生月份 12 月
子女好事將近，有望添子添孫。

天姚星主管魅力及吸引力，也就是可以影響我們的愛情及婚姻。天姚星坐落在不同的宮位，會有不同程度的影響，今年天姚星在本命宮、夫妻宮及子女宮的人，在天姚星的加持下，桃花方面會有不錯的進展，可以好好把握喔！

從左輔星、右弼星看人脈最多前三名

No 2
No 3
No 1
巳 福德宮
午 田宅宮
未 官祿宮
申 奴僕宮
辰 父母宮
酉 遷移宮
卯 本命宮
戌 疾厄宮
寅 兄弟宮
丑 夫妻宮
子 子女宮
亥 財帛宮
人脈最多 NO.1：農曆出生月份 8、12 月
多結交新朋友，拓展人脈帶來錢財。
人脈最多 NO.2：農曆出生月份 4 月
與人合作，更上一層樓。
人脈最多 NO.3：農曆出生月份 2、6 月
到異地活動，貴人即在遠方。

與人脈最為相關的星曜，當屬左輔星及右弼星。這兩顆星的人脈，指的是平輩的幫助與輔助，當這兩顆星坐落在有利宮位時，可為人脈帶來不容小覷的影響，讓你貴人源源不絕。

從天刑星
看血光最多前三名

血光最多 NO.1：農曆出生月份 7 月
充滿血光的一年，多留意自身狀況。

血光最多 NO.2：農曆出生月份 2 月
注意身體健康狀況，可安排健康檢查。

血光最多 NO.3：農曆出生月份 1 月
只要外出就充滿危險，萬事小心謹慎。

天刑星，代表血光、刀傷，除了身體上的傷害外，也可能是指生活上的負面影響，例如：官司、罰單、爭執等等。依照天刑星坐落宮位的不同，會有不同種類的血光，可事先預防，將傷害減至最低。

從文昌星、文曲星看功名最旺前三名

文昌星、文曲星，分別代表文憑與巧藝。也就是說文曲星讓人功成名就，而文曲星則是掌管才華。若兔年文昌星、文曲星高照，一定要努力爭取表現的機會，千萬別讓機會溜走喔！

從天空星、地劫星
看破財最兇前三名

天空星，代表突如其來的破財；地劫星，代表因習慣而產生的破財。可先掌握自己在兔年這兩顆星坐落的宮位，並多加留意，才可以避免錢財在不知不覺中悄悄流失喔！

從祿存星 看財運最旺前三名

No 3
巳
福德宮
午
田宅宮
未
官祿宮
申
奴僕宮
辰
父母宮
酉
遷移宮
財運最旺 NO.1：農曆出生西元年尾數 5
財源廣進，投資生意穩賺不賠。
財運最旺 NO.2：農曆出生西元年尾數 2
財運極佳，會有突如其來的意外之財。
財運最旺 NO.3：農曆出生西元年尾數 6、8
透過才華會有不小的進帳。
No 1
卯
本命宮
戌
疾厄宮
寅
兄弟宮
丑
夫妻宮
子
子女宮
No 2
亥
財帛宮

祿存星，代表錢財，財富。有許多賺錢的機會，要知道自己兔年在哪方面可以賺進大把大把的錢財，就一定要掌握祿存星坐落的宮位。利用農曆出生的西元年尾數，就可以找到生財之道。

從天魁星、天鉞星看貴人運最旺排名

巳
福德宮
No 2
午
田宅宮
未
官祿宮
申
奴僕宮
辰
父母宮
酉
遷移宮
No 1
卯
本命宮
戌
疾厄宮
寅
兄弟宮
No 3
丑
夫妻宮
子
子女宮
亥
財帛宮
貴人運 NO.1：農曆出生西元年尾數 2、3
運勢大好，所有困難都能化凶為吉。
貴人運 NO.2：農曆出生西元年尾數 1
多與兄弟姐妹交流，獲得好機會。
貴人運 NO.3：農曆出生西元年尾數 4、8、0
事業發展佳，枕邊人為你帶來助力。

天魁星、天鉞星就是貴人星，而這裡的貴人，指的是年長者、有智慧的、資歷較深的前輩。而天魁通常以男性為主，天鉞則是女性為主，多多參考長輩的建議，可替你逢凶化吉、帶來好運。

從羊刃星、陀羅星
看疾厄最多前三名

No 2
巳
福德宮
午
田宅宮
未
官祿宮
申
奴僕宮
辰
父母宮
酉
遷移宮
疾厄最多 NO.1：農曆出生西元年尾數 4
容易鑽牛角尖，精神壓力大，平時多放鬆身心。
疾厄最多 NO.2：農曆出生西元年尾數 7、9
職場生活不順遂，建議低調度過兔年。
疾厄最多 NO.3：農曆出生西元年尾數 1
身邊充滿小人的一年，需時時提高警覺。
No 1
卯
本命宮
No 3
戌
疾厄宮
寅
兄弟宮
丑
夫妻宮
子
子女宮
亥
財帛宮

羊刃星代表突如其來的意外；陀羅星則是指慢性災難，如：壞習慣所造成的災厄。這些災厄泛指一切負面的影響，包括：生理、心理、錢財、爭執等等，因此需多加注意及防範，才能預防破解。

Chapter 2

從農曆出生月看桃花、人脈、血光

新的一年，流年又發生了改變，
兔年的你，桃花、人脈與血光運勢會是如何呢？
按照農曆出生月，就可以輕鬆知道兔年的三大運勢，
還有開運消災小祕訣，
讓你在兔年吉星高照，逢凶化吉。

總論

農曆生月

1 月

桃花運勢 ★★★★
人脈運勢 ★★★★
血光運勢 ★★★★★

被動桃花朵朵開，不宜外出遠行

農曆1月生的朋友，今年宅在家就能有好桃花、保平安！

兔年你的天姚星落在夫妻宮，代表桃花會自己送上門來！無論是單身還是有對象甚至是已婚的人，都有可能出現追求者。

人脈部分，你可以多向父母求助，因為你今年的人脈來源，就是父母的人脈，更是你的錢財助力！他們將會拓展你的人際關係，得到不可多得的貴人。

血光方面，你的天刑星落在遷移宮，代表你要注意的血光意外多是居家以外的區域，應該盡量避免外出遠行，這也是為什麼今年你需要多多宅在家的原因。

1月 桃花運勢

代表星曜：天姚星
所處宮位：夫妻宮
風水區域：主臥

夫妻宮主掌一個人結婚的時機、婚姻狀況，以及與另一半相處的模式。也可由此看出伴侶的個性和緣分深淺。當天姚星坐落在夫妻宮，在風水命宮裡是被稱為「被動桃花」。若你單身、未婚，那麼會出現很多以結婚為前提的追求者，想與你交往；若你已有伴侶但尚未結婚，那麼今年你步入婚姻的可能性很大！

農曆一月生的朋友，今年身邊會出現非常多的追求者，如過江之鯽般。這也表示已婚者可能會有發生婚外情的機會，必須把持好自己，千萬不要衝動行事。若非自己，而是身邊伴侶的天姚星坐落仕夫妻宮的話，一定要盯緊一點，以免感情發生危機。

今年的天姚星除了讓你渾身散發無限魅力外，也會讓你的眼神和談吐都跟著受到眾多青睞，所以不管是單身或是有伴的人，今年都不需擔心會孤單度過啦！

桃花強運秘訣

從居家風水來看，夫妻宮代表的區域為主臥房，所以臥室要保持整潔，避免臭氣橫生，甚至布滿塵霾，也不要對沖廁所，燈光不要太過陰暗，否則這些濁氣都可能把正桃花變成爛桃花！

1月

人脈運勢

代表星曜：左輔星、右弼星
所處宮位：疾厄宮、父母宮
風水區域：廁所、孝親房

農曆一月份出生的朋友，左輔星和右弼星在新的一年當中，會落在疾厄宮與父母宮。

疾厄宮代表一個人的健康狀態與先天體質，當左輔星落在此處，即代表若身體健康上有任何隱疾或是病痛纏身時，可以藉由朋友的推薦或介紹幫忙尋求名醫、方法解決問題，或有可能接受朋友建議、抑或影響，讓你更加注重養生跟運動，這些都是使身體更加健康強壯的途徑。

父母的宮位有左輔星、右弼星，代表這一年當中，父母能幫你提升人脈，包括，介紹工作、安排學校，甚至交友，父母的意見非常值得參考。其實，父母本來就是我們的貴人，而亦父亦友的關係，在新的一年當中，是你的救星，也是助你一臂之力的流年貴人，兔年中多接近父母，就能夠得到更多好的機會。

人脈強運秘訣

今年可多和長輩來往，會有很好的人脈收穫，在各方面幫助你許多，得到更多好機會與發展。

1月 血光運勢

代表星曜：天刑星
所處宮位：遷移宮
風水區域：大門外

巳 福德宮	午 田宅宮	未 官祿宮	申 奴僕宮
辰 父母宮			天刑 酉 遷移宮
卯 本命宮			戌 疾厄宮
寅 兄弟宮	丑 夫妻宮	子 子女宮	亥 財帛宮

農曆一月份生的人，今年的天刑星坐落在遷移宮，屬於外出血光、異地血光，也稱作遠行血光，今年出外時血光無所不在。只要離開故鄉、離開家，前往外地外地遠行或到外地去上學、出差或洽公，只要需要搭到飛機、車子、船的都算，而且走得愈遠，血光的危機愈大。

也有可能你沒離開家，只是去郊遊，或是外出採訪、購物，都會有危機。可能一言不合就會大打出手，或是稍微提高車速，就會是一場車禍，甚至連跑步也會不慎扭到，甚至有被重物掉下來打傷的可能。所以開車、講話要慢，態度要謙且誠懇、謙和，否則鬥毆，打架、爭吵的口舌是非會特別多，踏出家門的第一步時，就告訴自己小心翼翼，謹慎行事。

血光破解方案

今年的你，只要外出就會有血光危機，甚至去買個東西也有機會，因此要不斷告訴自己，只要一踏出家門，就要小心翼翼，不論走路、開車等等，萬事小心，因為血光就在你身邊。

總論

農曆生月

2月

桃花運勢 ★★★★★
人脈運勢 ★★★★
血光運勢 ★★★★

多和平輩朋友走動發展桃花，追求向外發展的機會！

農曆二月份出生的朋友，可利用今年多多參加同學會，多和平輩朋友聯絡走動，不要錯過任何的社交場合，兔年可能又有不錯的桃花喔！

人脈的部分因為左輔星和右弼星坐落在遷移宮和福德宮。所以在學業上會有不錯的發展與支持，遇到問題時可多多向親朋好友請教，或許會有意想不到的結果喔！今年也可多往外地發展，會有不錯的人脈和財運，所以如果有到外地出差或是活動的機會，一定要好好把握。健康方面，兔年天刑星會坐落在疾厄宮，多多少少會有不同程度的血光。因此，不如替自己安排個健康檢查或小手術，也可以趁機做個微整型，透過創造小血光，來緩解甚至化解大血光，以免造成突如其來的傷害。

2月 桃花運勢

代表星曜：天姚星
所處宮位：兄弟宮
風水區域：客房

巳 福德宮	午 田宅宮	未 官祿宮	申 奴僕宮
辰 父母宮			酉 遷移宮
卯 本命宮			戌 疾厄宮
天姚 寅 兄弟宮	丑 夫妻宮	子 子女宮	亥 財帛宮

兄弟宮除了代表與親兄弟姊妹的關係和緣分之外，也象徵著與平輩表親、朋友以及同事的互動。農曆二月生的你，兔年天姚星坐落在兄弟宮，即代表兄弟姐妹會桃花不斷、喜帖不斷，而你的桃花運也會與他們連動，只要跟著他們走，就有機會遇上良緣。

若你是單身，可以多跟朋友或是與舊同學、舊同事、平輩朋友等等聯絡感情、參加聚會，不要錯過任何社交場合！積極參與，自然而然會遇到新的桃花。身邊的朋友或是兄弟姐妹也會自動自發幫你牽起紅線，主動替你介紹不錯的對象。

如果你是已婚者，與伴侶之間有不愉快、吵架，也能因為朋友或是手足的調解、幫忙，而讓關係獲得改善。

桃花強運秘訣

讓代表兄弟宮的客房不要雜物橫生，把東西收納整齊，就可以讓損友退散，帶來對你有幫助的好朋友！房間內再掛上百合花或荷花的圖像，更能增加廣結善緣的機緣。

2月

人脈運勢

代表星曜：左輔星、右弼星
所處宮位：遷移宮、福德宮
風水區域：休閒室、大門外

今年農曆二月生的朋友，兔年的左輔星和右弼星坐落在流年的遷移宮和福德宮。代表在學習路上會得到很多支持，除了能力提升之外，因為學習遭遇到的挫折，也會因為親友的幫忙而破解。建議維持頭腦的思考運作，遇見任何問題直接向親朋好友詢問或請示意見，他們都能夠給出令你意想不到，甚至驚豔的答案。

當左輔星和右弼星落在遷移宮時，代表今年的人脈財運必須向外追求，比如說出差、外調都可能為你帶來不小的財富。若有派遣到外地的機會，建議牢牢把握住，因為有可能在外地遇見讓你創業致富的貴人與機會，所以千萬不要拒絕。

人脈強運秘訣

福德宮代表的位置是休閒室，建議可以擺放魚缸，並且時刻保持乾淨，就能增進人脈和財運。至於遷移宮代表的位置則是大門外或落地窗前，這些地方不要堆積雜物，可以放上一些花草樹木的盆栽。

2月 血光運勢

代表星曜：天刑星
所處宮位：疾厄宮
風水區域：廁所

天刑星是帶著刀的血光之星，農曆二月生的人，在兔年天刑星來到疾厄宮，代表著健康方面的血光，所隱藏的危機，涵蓋了職業傷害、風水傷害、流年傷害，在兔年，是難逃一刀的危機。

這個與健康有關的一刀，很有可能是懷孕婦女需要剖腹生產，或是做牙齒類的手術，舉凡需要動刀的，在兔年都很有可能發生。既然逃不掉，就勇敢面對，這一刀的大小並沒有一定，所以可以替自己安排檢康檢查，接受驗血，或是安排微整型，因為在兔年，農曆二月出生的朋友也難逃破相危機。如果有其他小手術的需求，也可以在醫生專業的安排協助下，以小血光破大血光，也算是解了今年的血光之災了。

血光破解方案

安排小手術或微整型，透過專業醫療體系的協助，用小血光來化解大血光，避免突如其來的意外，造成更大的傷害。

總論

農曆生月

3月

桃花運勢 ★★★★★
人脈運勢 ★★★★
血光運勢 ★★★

桃花運、貴人運勢佳，平時切記注意身體狀況

農曆三月出生的朋友，今年的桃花跟人際關係運勢都相當不錯，因為天姚星落在本命宮，所以更是勢不可擋！只是今年的桃花屬於主動桃花，即使機會眾多，若自己沒有踏出第一步的勇氣，還是沒辦法有個好結果，請化被動為主動，勇敢出擊吧！

兔年中最需要注意的是健康況狀，要比過去更加留意自己的身體，或許以前年輕力壯，身體復原得快，但現在可不比以往，不好的生活習慣必須一點一點改善，培養運動的習慣。

在這新的一年，事業雖然獲得發展，但可能會因忙碌而忽略健康，就算有再多的財富，但卻全部拿來付醫藥費，豈不得不償失？切記，千萬不要為了錢財而失去了健康，最後反而兩頭空！

3月

桃花運勢

代表星曜：天姚星
所處宮位：本命宮
風水區域：客廳

農曆三月份出生的人，今年的天姚星坐落在本命宮，即稱為「主動桃花」。桃花運勢不可擋，異性緣極佳，只要有心主動追求，通常都能成功贏得對方的心！但同時也要注意，非常容易拈花惹草，如果是有伴侶或是已婚的朋友一定要特別注意。

假設你原本是一位溫文儒雅、待人謙和的人，但到了兔年，可能就會如蝴蝶採蜜一般，主動追求異性，並且穿著打扮會更加華麗，談吐也會變得舌燦蓮花。而且針對異性的追求，不會錯失任何良機，特別是遇到喜歡的對象，會盡全力，甚至是不擇手段的主動追求。

至於已婚或有伴侶的朋友，今年則要主動多關心另一半，噓寒問暖、多站在對方的立場著想，如此便能讓彼此的感情加溫，互動也會更為緊密。

桃花強運秘訣

今年桃花運勢大好，可以多多主動追求異性，不要錯失任何好機會。如果已經有另 半，可以多關心對方，使感情增溫。

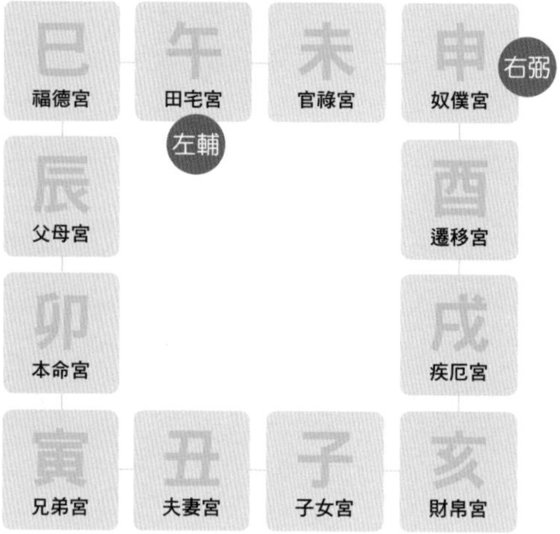

3月 人脈運勢

代表星曜：左輔星、右弼星
所處宮位：奴僕宮、田宅宮
風水區域：餐廳、樓梯間、走道

農曆三月份出生的人，左輔星和右弼星坐落在奴僕宮與田宅宮。田宅宮代表若是要買賣房地產、搬家，找店面或是店面的拓展和裝潢，都能夠得到很多的助力。建議可以找評價好的房仲業者或是風水老師，他們提供的專業建議，能讓你獲得不錯的財富。

奴僕宮則代表後輩、晚輩，例如：部屬、學弟妹或是年紀比你年輕的朋友等等，今年他們將成為你的貴人。有空時多多參加朋友的聚會，藉由朋友的好名聲或是推薦，進而交到更多新朋友，人脈愈豁達，則商機愈無限，事業也會跟著不斷攀升。假設你不喜歡外出，那麼今年一定要多邀請好朋友來家裡聚會，因為好朋友很可能會帶著貴人一起到來！

如果在生活、經濟或事業上有遇到任何難題，今年也可以多向後輩或是朋友求助，他們將會非常樂意幫助你。

人脈強運秘訣

農曆三月出生的人，可以多利用兔年搬家、買房或是拓展店面，會有不錯的收穫。也可多參加聚會，和晚輩、部屬多多互動，他們都有可能會為你帶來貴人和財運。

3月

血光運勢

代表星曜：天刑星
所處宮位：財帛宮
風水區域：廚房

巳 福德宮	午 田宅宮	未 官祿宮	申 奴僕宮
辰 父母宮			酉 遷移宮
卯 本命宮			戌 疾厄宮
寅 兄弟宮	丑 夫妻宮	子 子女宮	亥 財帛宮 天刑

財帛宮代表一個人的財富多寡、財運走向，也可以看出一個人對金錢抱持的態度、理財能力以及投資發達的方向。天刑星坐落在財帛宮，代表這一年將可能出現兩種危機。

第一種是「賺了大錢，失了健康」，會因為拚命賺錢而忘了休息，積勞成疾，或體力不濟發生意外。建議當身體不堪負荷時，要學著放鬆跟休息，有足夠的健康才有長遠的錢財。第二種是「因財持刀」，今年有可能會捲入金錢糾紛，招來血光之災或官司是非，但只要謹慎小心應對，就能避免衝突。若有財務糾紛者應盡快處理，以避免夜長夢多。

另外，工作內容如果是跟「刀」有關的人，例如：醫生、法官、廚師等等，天刑星對你來說是顆好星，代表你將會有很多獲利的新機會。

血光破解方案

切記，錢可以賺，但是要視自己的健康狀況，量力而為。不執著於錢財，也盡量避免各種與金錢有關的糾紛，才能安然度過兔年。

總論

農曆生月

4 月

桃花運勢 ★★★
人脈運勢 ★★★★
血光運勢 ★★★

事業大豐收，有望升遷，多加注意子女狀況

在兔年，桃花運方面，不能過於自我，兔年的桃花得靠父母或家中長輩的幫忙了。今年，千萬不要拒絕長輩安排的相親，或是各種透過長輩牽線的姻緣，一旦拒絕，今年的桃花就會離你遠去了。

農曆四月生的人，在事業方面會有非常亮眼的表現，借助朋友或平輩的力量，人脈就是錢脈，這些成就能帶來可觀的財富，可以說是名利雙收。

血光今年關注點在子女身上，代表小孩有受傷的危機，有孩子的人請注意子女出門的安全，即將生產的人也請多加小心，可選擇剖腹產來象徵子女挨刀。沒有孩子的人，則是要留意生殖器官方面的疾病。

4月

桃花運勢

代表星曜：天姚星
所處宮位：父母宮
風水區域：孝親房

農曆四月出生的朋友，天姚星坐落在流年的父母宮。父母和桃花有什麼關係呢？首先，代表你父母的異性緣非常好，但是父母也可能各自有爛桃花，需要多加注意。同時，也表示你的桃花有可能會透過父母、長輩的牽線、介紹，千萬不要排斥。

當你想尋求愛情時，媒人可能就是你的嫂嫂、阿姨、伯伯們，經由長輩的引薦，甚至是相親，成功的機會都會大增。

另外還有一種可能，你可以對心儀對象的父母多下工夫，讓對方父母對你的支持度提高，增加好事成雙的機會，就可能共結連理。今年是「長輩之愛」的流年，在這一年當中，你必須要懂得掌握住長輩的力挺，才能得到加分的助力。

桃花強運秘訣

今年想要談戀愛，可以請長輩、老闆、老人家或較資深的人幫你介紹，甚至是媒妁之言，都能讓你沉浸在愛情當中。

4月

人脈運勢

代表星曜：左輔星、右弼星
所處宮位：官祿宮
風水區域：辦公室

官祿宮有左輔、右弼星，代表有很大的機會可以升官發財，而且能率軍奮戰，你背後會擁有千軍萬馬。在工作上，不再孤軍奮戰，而且也因為職務的提升，讓你掌握權力的可能性更大，能得到更多同事客戶的支持。今年對於農曆八月生的朋友來說，是一個可以借力使力，好好發揮的流年舞台。

如果是學生，在兔年也能考運亨通。只要你肯努力，就能把握今年的大好運勢，不只能一掃昔日的陰霾，還能夠橫掃千軍，一馬當先，兔年是財運跟智慧雙雙增長的大好機會。

但是不要忘了，別單打獨鬥，不要害怕要朋友協助，可以藉著他人的智慧，和自己的努力加成，兔年的成長跟經驗將會無極限。

人脈強運秘訣

今年將會是事業大豐收的一年，有機會升官發財，所以一定要努力向上，提升事業的同時，財運也會跟著上升，千萬不要放棄兔年的好機會。

4月
血光運勢

代表星曜：天刑星
所處宮位：子女宮
風水區域：後陽台

農曆四月生的人，兔年的天刑星坐落在子女宮。如果是懷孕的人，可能會有流產的危機。如果是準備生產的人，也可能會有剖腹產的機會。而如果已經為人父母，那麼要小心你的孩子，無論他三歲，八歲，十八歲，二十歲，在兔年都會有血光發生。

至於孩子已經成家立業的父母，兔年血光的詮釋，有可能代表與子女無緣，或是發生爭奪財產的危機年。無論如何，都是子女有難，父母也可能被波及的狀況。

同時，子女宮也代表性生活，兔年可能因為血光的關係，房事不和諧，爭執、爭吵多，當然也無法順利受孕，是房事波折的流年。

血光破解方案

即將生產的孕婦，可選擇剖腹生產。有孩子的人，今年是小孩受傷的一年，對於孩子出門遊玩，務必多加提醒。沒有孩子的人，要小心生殖器官與婦女疾病的復發。

總論

農曆生月

5月

桃花運勢 ★★★

人脈運勢 ★★★★

血光運勢 ★★★★

從休閒娛樂找到真愛，可在兔年置產、裝潢，多注意伴侶的健康狀況

今年可藉由平時的興趣、愛好認識新對象，若沒有特別的興趣愛好，則可以培養或多參與報名活動，像是烹飪教室、健身房等等，只要能交到新朋友，對桃花、事業來說都是有益處、無壞處。

多多聽取後輩的建議與幫忙，或許會有不錯的效果，是個可以信賴下屬的一年。也可以在兔年進行土地的買賣，好的風水也能為你帶來貴人運及財運。

夫妻間的關係充滿著不諒解與苛責，嚴重時甚至會有肢體衝突，面對這樣的枕邊人，自己的心理建設要做好，用愛包容對方，退一步思考，並且適時提醒對方，小心意外的血光之災，好平安度過今年。

5月 桃花運勢

代表星曜：天姚星
所處宮位：福德宮
風水區域：休閒室

巳 福德宮（天姚）	午 田宅宮	未 官祿宮	申 奴僕宮
辰 父母宮			酉 遷移宮
卯 本命宮			戌 疾厄宮
寅 兄弟宮	丑 夫妻宮	子 子女宮	亥 財帛宮

福德宮在紫微斗數裡代表一個人的壽命以及各種休閒、才藝活動，例如：畫畫、運動或音樂表演等等，由福德宮可以看出個人的交際能力，以及是否具有特殊才華。

當天姚星坐落在福德宮，代表愛情的種子，可能就藏在你的專長興趣或是休閒嗜好裡。當然，也可能會因為突如其來而產生的興趣，因此有意想不到的戀情萌芽。若你是個沒有特殊休閒愛好的人，不妨從現在就開始培養吧！因為有很大的可能，會遇見志同道合的另一半喔！

但如果是打牌、喝酒、賭博這種比較不良的嗜好，反倒會引來爛桃花。建議還是慢慢戒掉、不要接觸太多，以免後悔莫及。已婚者，在休閒之餘也要注意彼此的言行互動，避免因為過度鑽研興趣，而冷落了伴侶。

桃花強運秘訣

農曆五月生的你想在兔年脫單嗎？那一定要在兔年多加培養、發展興趣，透過你的思緒、靈魂去找到真愛吧！

5月 人脈運勢

代表星曜：左輔星、右弼星
所處宮位：田宅宮、奴僕宮
風水區域：餐廳、樓梯間、走道

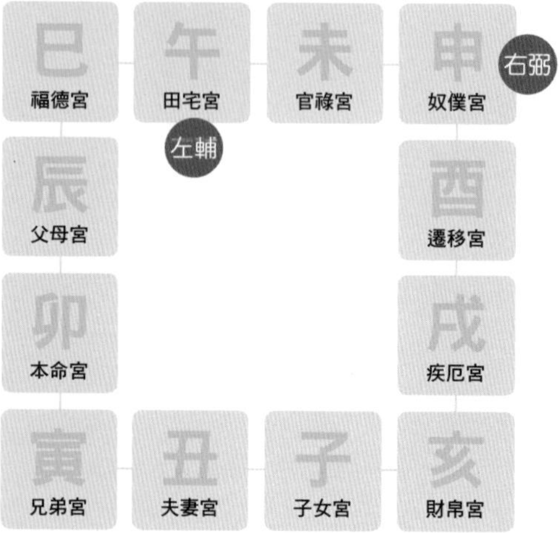

農曆五月出生的你，兔年左輔星和右弼星坐落在奴僕宮與田宅宮。

左輔、右弼星坐落在田宅宮，代表增加購買房子的機會。當有朋友介紹好的個案，可以斟酌自己的財力，做選屋、購屋，會大大加分。也可能是透過朋友的幫忙，將你居家的風水環境、裝潢擺設，都重新調整。或增添更多合適的家電，幫你田宅運勢加分。且也代表家人的互動，會如朋友一般。這是一個提升家族事業、朋友合夥的好運勢。

至於坐落在奴僕宮，代表在兔年，會因為晚輩的營救，使你在工作、健康、事業或破財的同時，能夠得到幫助，也可以說是救命的貴星，這也代表著你長期以來對晚輩的照顧，在今年可以得到回報。同時，今年也是一個傳承的好時機，提攜後進對兔年的人脈運勢，也頗有助益。

人脈強運秘訣

農曆五月出生人可以多多把握在兔年買房或裝潢，會為你帶來貴人運。也可多多在兔年與後輩、下屬互動，人脈就是錢脈，可能可以從中獲得不錯的收穫。

5月 血光運勢

代表星曜：天刑星
所處宮位：夫妻宮
風水區域：主臥房

巳 福德宮	午 田宅宮	未 官祿宮	申 奴僕宮
辰 父母宮			酉 遷移宮
卯 本命宮			戌 疾厄宮
寅 兄弟宮	天刑 丑 夫妻宮	子 子女宮	亥 財帛宮

夫妻宮主掌一個人結婚時機、婚姻狀況及與另一半相處的模式。也可由此看出伴侶的個性和彼此的緣分深淺。

今年農曆五月出生的人，天刑星坐落在夫妻宮，有兩種可能；一是心愛的伴侶會有病痛纏身，有血光之災，需要付出比平時更大關懷，才能夠避免生離死別的危機，並且需要給對方更多的支持與陪伴；不過，也有可能只是動動整型手術、牙齒手術等等小問題，不需太緊張。

二是你的伴侶雖然身強體健，沒有任何疾病，但是可能會反目、兩人刀刃相向，最後導致感情產生裂痕而分手的可能。若遇見這種情況，化解之道只有破財消災，並且控制好自己的嘴巴，避免口出惡言，多說些甜言蜜語，付出加倍的關心跟愛意，並學習忍耐，將衝突降到最低，以和為貴才能使你們的感情更加堅定穩固。

血光破解方案

多注意伴侶的身體狀況，如有小手術可以盡快安排，以避免更嚴重的傷害發生。同時兔年會有和伴侶有意見不合、惡言相向的可能，盡量以平常心冷靜面對。

總論

農曆生月 6月

桃花運勢 ★★★★★
人脈運勢 ★★★★
血光運勢 ★★★

改善風水獲得好桃花，多外出走動提升貴人運

二〇二三會是特別適合買賣房產的一年，買了新房後，已婚者的感情會更加穩固，未婚者則可能在買房後遇見了好對象，進而有結婚的可能。總而言之，如果今年你的成家欲望高，可以藉由家宅的買進或整修，來提升你的桃花運。

今年的你才華洋溢、充滿創意，腦子裡有很多靈感，加上有相當多人脈助力，朋友會不時提供超棒的建議，能因此有不錯的財運。然而，若想要賺更多錢或是遇見更多好機會，建議有空就多出外走走，因為貴人幾乎都在外地哦！

血光運勢的部分，今年有兄弟血光，所以兔年和兄弟姐妹的相處、合作需要放更多的心力，避免發生大爭執，也盡量少有金錢上的往來。

巳 福德宮	午 田宅宮 天姚	未 官祿宮	申 奴僕宮
辰 父母宮			酉 遷移宮
卯 本命宮			戌 疾厄宮
寅 兄弟宮	丑 夫妻宮	子 子女宮	亥 財帛宮

6月 桃花運勢

代表星曜：天姚星
所處宮位：田宅宮
風水區域：餐廳

代表桃花的天姚星，在兔年坐落在田宅宮。田宅宮有桃花進駐，表示桃花產生的機會與跟房地產、家人有關，也許家有喜事，也許是田宅裡有桃花，會因為買房子、購物而帶動姻緣，甚至結婚。想要在兔年好事成雙的人，可以趕快買房，透過田宅宮帶動桃花運勢，促成結婚的衝動和欲望。

此外，田宅的另一層意義也代表著風水，在居家環境上做些改變，把家裡打掃得窗明几淨，或是改變床位，甚至是搬家，都有機會獲得突如其來的大桃花，或促成結婚桃花。

想結婚、求好姻緣的農曆六月生的人，別忘了好好把握兔年位在田宅宮的天姚星，從居家環境著手，也許今年就能喜事連連。

桃花強運秘訣

想要在兔年有好桃花或是步入婚姻，農曆六月出生的朋友可以在今年購入房產或進行土地買賣，讓二〇二三成為好事連連的一年。

6月

人脈運勢

代表星曜：左輔星、右弼星
所處宮位：福德宮、遷移宮
風水區域：休閒室、樓梯間、走道

今年農曆六月生的人，兔年的左輔星和右弼星坐落在流年的遷移宮和福德宮。福德，指的就是畫畫、雕刻、藝術，以及你的思想、判斷，包括你的靈魂，以及你的壽命。既然你的左輔、右弼坐落在福德宮，代表你要去划船、登山、游泳、跑步，絕不可能單獨行動，一定是和朋友一起享樂。

福德代表的是福氣和吃喝玩樂等等的休閒，跟別人聚餐一定可以呼朋引伴，歡聚一堂，而且會很愉快。且左輔、右弼坐落在福德宮，也代表你學習任何的課外活動，會得到更多人的認同。也可以透過結合朋友的力量，得到殊榮、獎勵。

左輔、右弼星坐落在遷移宮，則象徵著你需要外出走動，錢財與運勢自然就會興旺。不論是出差、遠行都可以增加運勢，或者多參加社團活動、聚餐等等，也能活絡人脈，千萬不要在家裡發呆枯坐，而錯失了遠方的貴人。

人脈強運秘訣

農曆六月出生的你，兔年一定要把握出遠門，離開居住地、出生地的機會，如果能在外出期間結合興趣更是喜上加喜，在貴人運方面會有極好的發展。

6月

血光運勢

代表星曜：天刑星
所處宮位：兄弟宮
風水區域：客房

巳 福德宮	午 田宅宮	未 官祿宮	申 奴僕宮
辰 父母宮			酉 遷移宮
卯 本命宮			戌 疾厄宮
天刑 寅 兄弟宮	丑 夫妻宮	子 子女宮	亥 財帛宮

農曆六月出生的人，二〇二三年天刑星正好坐落在兄弟宮，這表示與兄弟姐妹間的感情，可能面臨一刀兩斷的危機，或許是兄弟姐妹的身體健康有礙，需要打針、吃藥，甚至是動小手術。同時，手足之間可能發生惡言相向、爭吵的情形，嚴重的話更可能發生拿刀相向的衝突。

藉由天刑星可以看出，你的兄弟姐妹在兔年，將會陷入水深火熱之中。也許他們會出現官司問題，而存能力所及之內，你能去幫忙當然很好，但是，切記不要和兄弟姊妹有太多親密的互動，包含：合夥賺錢、一起做生意等等，還是謹慎處理，因為在兔年，手足間很容易因錢財而反目成仇。

血光破解方案

農曆六月出生的朋友，在兔年盡量和兄弟姐妹保持適當距離，凡事謹慎面對。最好不要有金錢上的往來，以免手足之間反目成仇。

總論

農曆生月

7月

桃花運勢 ★★★★
人脈運勢 ★★★★
血光運勢 ★★★★★

職場校園桃花朵朵開，藉由長輩提升人脈，多留意自身血光

正在追求愛情的你，今年會有許多追求者出現，有望脫離單身，不妨多多留意校園及職場，也許你的桃花就是你身旁的同桌，或是平時往來的客戶喔！

今年可以藉由父母、長輩的引薦，大大提升自己的人際關係，透過人脈的拓展，可讓事業再創巔峰，如果有長輩大力提攜，兔年會是個可以好好衝刺事業的一年。

血光方面因為今年天刑星坐落在命宮，所以則須多加注意，平時生活中會暗藏許多無法預期的血光，由其在交通方面需要更加小心謹慎，也有可能會在今年有官司纏身。建議可以到醫院捐血或是做個小手術，來化解天刑星坐落在本命宮的影響。

7月
桃花運勢

代表星曜：天姚星
所處宮位：官祿宮
風水區域：辦公室

農曆七月生的讀者朋友，天姚星一定是坐落在未的宮位，這個宮位會跟著你一輩子，今年剛好是落在官祿宮。

官祿宮是俗稱的事業宮與學業宮，也就是代表職場的宮位。當天姚星與官祿宮重疊在一起，有什麼特殊的效應呢？是發生職場戀情、校園戀情的絕佳時機。可能會涉入一點老少愛、長輩愛，這些在兔年都是有可能發生的。

當然，要追求愛情的你，也分為已婚和未婚。未婚的人在校園中，追求者眾多，桃花朵朵開，彷彿是一隻蝴蝶飛來飛去，很多人追著你跑。如果你是一位在職的社會人士，你的桃花則暗藏在客戶、朋友和同事中喔！

桃花強運秘訣

周遭環境的朋友、同事們，可能正在暗示你、追求你，但你卻渾然不知，如此一來就會錯過二〇二三年的桃花。因此，如果有人對你示好，可以考慮點頭答應唷！

7月

人脈運勢

代表星曜：左輔星、右弼星
所處宮位：父母宮、疾厄宮
風水區域：廁所、孝親房

農曆七月份出生的朋友，左輔、右弼星在兔年時會坐落在疾厄宮與父母宮。

父母宮，代表與父母之間的相處狀況、緣分，另外也可以當作與上司、主管或是一切衣食父母的互動情況。今年左輔、右弼星坐落在父母宮，顧名思義就是可以藉由父母的引薦，提升自己的人際關係，讓人脈網更加廣闊，建議有事業心的你，可以藉此讓你的事業再創顛峰。

位在疾厄宮代表的意義則是健康方面的問題。若是兄弟姐妹有疾病纏身，那麼多多走動探望，給予鼓勵，在兔年會有康復的機會。另一方面也代表著，如果自己有健康上的疑慮，那麼不假外求，打一通電話，諮詢請教一下手足或朋友，你也會得到一個更好的醫療資訊，能夠重新擁有健康。

人脈強運秘訣

長輩就是你今年的貴人，可透過引薦拓展人脈網。如有健康問題，可以向同輩諮詢，有望在今年得到解決。

7月

血光運勢

代表星曜：天刑星
所處宮位：本命宮
風水區域：客廳

農曆七月生的朋友們，你們的天刑星坐落在兔年的本命宮，這把刀，直接插進了各位的本命。但是也不必過度驚慌，命理中的刀，代表的是一種折磨、小血光或是我們所稱的小手術。而天刑，指的也可能是罰單或官司問題。

既然進入了本命宮，大家可以考慮先從自身的小危機來進行破解。也就是說，可以藉由微整型、植牙，或是捐血、穿耳洞等等小見血，來進行危機的化解。在兔年，天刑星坐落在本命宮的人，可能在打鬧嬉笑、騎車運動中，都暗藏無法預期的流血事件。尤其交通事件將會特別多，更要注意小心慢騎。

除此之外，游泳、登山、跑步等等運動，也會危機重重，但也不要因此而不投入運動休閒，因為人愈多，愈明亮、安全、且視線愈清明的地方，所產生的血光也會愈少。

血光破解方案

除了捐血、微整型之外，也可以多到醫院走走，打造一個假生病、假手術的狀態，可以化解一些血光喔！在外出交通及從事運動休閒活動時，則是需要多加注意自身安全。

總論

農曆生月

8月

桃花運勢 ★★★★
人脈運勢 ★★★★
血光運勢 ★★★

參加聚會廣結善緣，注意親子關係及父母健康狀況

農曆八月出生的人，建議在兔年多外出參與聚會，除了能增加遇見好桃花的機會之外，也有可能在聚會場合找到未來幫助你甚多的貴人。抱持著多交朋友的心態去拓展人際關係，認識的人多了，找尋到貴人的機會自然也跟著增加，錢財和桃花更容易跟著一起來到身邊喔！

今年父母宮有天刑星籠罩，所以家中長輩很有可能會有刀傷或肢體傷害產生，務必要多加注意。可以利用小血光來化解大血光，但如果父母不適合捐血或微整型，不妨藉機安排健康檢查，透過驗血也可以避免大血光。

此外，父母在今年可能會對你的各個層面有頗多怨言，但出發點都是求好心切，今年凡是保持孝順喜樂的心面對，就能有好的結果。

8月

桃花運勢

代表星曜：天姚星
所處宮位：奴僕宮
風水區域：樓梯間、走道

巳 福德宮	午 田宅宮	未 官祿宮	申 奴僕宮 天姚
辰 父母宮			酉 遷移宮
卯 本命宮			戌 疾厄宮
寅 兄弟宮	丑 夫妻宮	子 子女宮	亥 財帛宮

農曆八月升的朋友，今年天姚星會坐落在奴僕宮，這個宮位代表著晚輩，可能是學弟妹、晚輩或部屬。就桃花層面來看，農曆八月出生的人，在兔年中會出現年紀比自己小的愛慕者，多是因為你德高望重、有社會地位，本來就崇拜你、支持你的人，在今年很有可能會產生愛慕之情，進而對你展開追求。

如果你也想擁有戀情，不論是戀愛或是再婚，在兔年都很有機會，盡情擁抱愛情吧！此外，家族中的晚輩，或是各方面認同你的晚輩，都能在兔年協助你提升桃花運，多多往來、有益無害。

桃花強運秘訣

今年會有來自晚輩的桃花，如果想脫單，也可以多多參與朋友們舉辦的聚會，廣結善緣。與朋友、同事、部屬多互動，就能增加好桃花！

8月

人脈運勢

代表星曜：左輔星、右弼星
所處宮位：本命宮、財帛宮
風水區域：客廳、廚房

今年農曆八月出生的人，左輔、右弼星會坐落在本命宮，代表你本身就是別人的貴人，能夠一呼百諾，廣結善緣，當然自己的運勢也會跟著提升。因此，切記兔年多多發揮你的幽默風趣，與同事、同學或平輩相互扶持，這些人就會如同你的左右手，幫助你、鼓勵你，讓你的事業成就大大提升。

左輔、右弼星坐落在財帛宮，代表這一年會因為你過去長期的努力而備受肯定，得到多方面的支持，平時廣結善緣的你，還有機會和朋友合夥入股加盟，在錢財方面獲得更多利益。

人脈強運秘訣

廣結善緣，勇敢外出，多與朋友應酬交際，能因為朋友會帶給你更多的建議、更多的舞台、商機，會在兔年有意想不到的財富。

巳 福德宮	午 田宅宮	未 官祿宮	申 奴僕宮
辰 父母宮 天刑			酉 遷移宮
卯 本命宮			戌 疾厄宮
寅 兄弟宮	丑 夫妻宮	子 子女宮	亥 財帛宮

8月 血光運勢

代表星曜：天刑星
所處宮位：父母宮
風水區域：孝親房

農曆八月出生的讀者，兔年天刑星會坐落在流年的父母宮。

顧名思義，爸媽的健康狀況容易亮紅燈。也可能是在居家跑步、爬樓梯時跌倒，造成老人家病痛、流血的危機。從另一個思考層面，天刑星在父母宮也可能指的是親子、親緣的關係會比較薄弱。可能因為你出差、移民、留學……遠離家鄉，進而跟父母的距離會忽近忽遠。或是在兔年會接受到來自長輩比較大的壓力。

天刑星在流年的父母宮中，容易對父母造成傷害，同時也更要提醒父母，從事任何有可能危害到安全的行為、活動，都要小心翼翼。父母在整個年度中，小毛病恐怕難逃，大手術則要小心，建議可以在平時帶父母到醫院做個健康檢查，若有需要透過手術才能處理的問題，也可以盡早安排。

血光破解方案

記得帶父母去做健康檢查，光驗個血就能化解不少血光。另外，「孝順」就是最好的開運方法，兔年記得銘記在心。

總論

農曆生月 9月

桃花運勢 ★★★★
人脈運勢 ★★★★★
血光運勢 ★★★

到異地尋求桃花，多與平輩來往，左右逢源

單身的朋友今年若想尋求好桃花，一定要離開平時生活的環境，多到異地走走，可以藉由出差、旅遊的機會，為自己的桃花努力一把。如果是有伴侶或是已婚的朋友，也可以利用今年天姚星坐落遷移宮的機會，安排到外地旅遊，可以讓兩人之間的感情更加穩固且升溫喔！

兔年可以多與平輩親友來往，他們能夠為你帶來好的人脈及好的機會，這些都會轉換成你的財運。如果在外需要幫助，也可以向平輩親友請求協助，可以獲得莫大的幫助，切勿單打獨鬥。

今年因為天刑星的影響，有可能會因為休閒活動產生血光，從事休閒活動需要多加注意自身安全。思緒方面則有可能會鑽牛角尖，情緒跟著受影響，這時候務必時刻提醒自己要正面思考，即可平安度過兔年。

9月 桃花運勢

代表星曜：天姚星
所處宮位：遷移宮
風水區域：大門外

農曆九月生的朋友，你的天姚星今年坐落在遷移宮，表示在新的一年當中，你所有的桃花都在異地、外地。如果是常常出差或者在異地讀書、遊學的朋友，可能會遇到很多桃花喔！若沒機會出差或者長時間出國的人也不需傷心，建議你一有空就多往外走走，盡量不要待在出生地或是生活區域！

已經有伴侶的朋友，今年很適合和伴侶到外地遊玩，能增進你們之間的感情，讓關係更加穩固。想擺脫單身或維持另一半感情的朋友，千萬要記得，今年花點時間安排出遊，是很值得的！若不踏出門，愛情就不會來敲門。

桃花強運秘訣

今年的桃花在外地，如果想在兔年脫單，一定要多到異地走動。有伴侶的人趁著桃花運勢，帶心愛的人遠行他鄉，都會讓你們的感情迅速升溫，重回愛苗燃燒時的濃情蜜意。

9月

人脈運勢

代表星曜：左輔星、右弼星
所處宮位：子女宮、兄弟宮
風水區域：後陽台、客房

農曆九月出生的人，左輔、右弼星在兔年會到流年的子女宮及兄弟。

恭喜你！左輔、右弼位在兄弟宮，是一種近貴得貴，左右呼應的絕佳狀態。代表兄弟姐妹事業有成，財富與名聲兼具。今年多與他們接近，能夠帶來好機會，自然就會有好的財運。從另一個角度來看，如果遭人欺負或阻撓，記得向好兄弟們、好朋友們，甚至堂、表兄弟等等求援，能夠受到莫大的幫助。

左輔、右弼星坐落在子女宮會帶來哪些影響呢？單純來看，與小朋友廣結善緣，人脈變好，和朋友、同學、同事的互動也自然會變好。另一個解釋是，你若想多生一兒一女，在這一年當中，伴侶受孕的機會也是大增喔！想要生寶寶的夫妻可以多多把握今年的機會。

人脈強運秘訣

多和平輩親友來往，近貴得貴，左右逢源，會帶來好的人脈和好的機會，自然會提升你的財運。如是想要懷孕的夫妻也可多多把握今年左輔、右弼星坐落子女宮的機會。

9月

血光運勢

代表星曜：天刑星
所處宮位：福德宮
風水區域：休閒室

天刑 巳 福德宮	午 田宅宮	未 官祿宮	申 奴僕宮
辰 父母宮			酉 遷移宮
卯 本命宮			戌 疾厄宮
寅 兄弟宮	丑 夫妻宮	子 子女宮	亥 財帛宮

農曆九月出生的朋友，今年的天刑星坐落在福德宮。

從精神層面上分析，兔年會是一個鑽牛角尖、痛苦不堪，甚至胡思亂想的一年。整個人的思緒彷彿千刀萬剮，很多事情都會產生莫名的恐慌、恐懼。

從肉體、肉身來解釋的話，農曆九月生的人，因為天刑星在福德宮，福德代表了休閒，包含：運動、登山、競技、遊戲等等比賽，危險可能就在你身旁。登山可能滑倒、游泳可能肢體受傷，與人打球的同時，過於激進，也可能會造成傷害。有可能因為過度投入興趣與嗜好的關係，而造成不良的影響甚至產生血光。至於抽菸、喝酒、熬夜、打麻將等等，這些不良的休閒，更可能形成你的血光危機。

血光破解方案

運動或開車，都需要量力而為，生活中的嗜好也都要適可而止不過度沉迷，今年不宜從事太多冒險活動，就能平穩、平順的度過這個血光危機年。

總論

農曆生月

10月

桃花運勢 ★★★
人脈運勢 ★★★★
血光運勢 ★★★

枕邊人即貴人，多注意家人健康狀況

先有健康的身體，才有機會追求愛情，開出好的桃花。健康活力是兔年脫離單身的關鍵！有伴侶的人可多安排兩人的旅遊，或是一同從事休閒娛樂，能會為感情大大加分。

兔年你的另一半就是你的貴人，如果想在事業上有好的人脈，一定要好好經營雙方的感情，如果碰到什麼困難，也可以找對方好好聊聊，你的愛人會為你帶來意想不到的收穫，進而有好的財運和好的發展喔！

兔年因為天刑星坐落在田宅宮，所以要特別注意房屋的狀況，如果有任何需要維修或汰換的，千萬不要猶豫，一定要馬上行動，以免往後造成更大的損害。除此之外，還要多加關心家人的健康狀況。

10月 桃花運勢

代表星曜：天姚星
所處宮位：疾厄宮
風水區域：廁所

今年的天姚星坐落位置在疾厄宮，顧名思義，你的桃花會和身體健康有相關。換言之：沒有健康的身體，就沒有愛情！所以二〇二三年，你的目標將會是滋養身體、強身健體。

只要身體能夠照顧周全，且保持健康活力的話，就有力量勇敢追求愛情，或許還會因為健康，而遇見令人無法預料的驚喜桃花喔！若想要擺脫單身，就必須先將自己的身體狀況照顧到最好的狀態，好的桃花自然就會來臨。

而已有伴侶的朋友，今年不妨和另一半一起培養運動的習慣，不但能擁有共同的話題，更能促進健康！還有機會擺脫過去的不愉快，感情增溫後，兩個人一起攜手往未來邁進。

桃花強運秘訣

保持良好的身體狀況，好的桃花自然會出現。可以利用今年和另一半培養運動習慣，促進身體健康，也使感情更加穩固。

10月

人脈運勢

代表星曜：左輔星、右弼星
所處宮位：夫妻宮
風水區域：主臥房

人脈代表星曜左輔、右弼星，農曆十月出生的人，兔年的宮位落在夫妻宮。所以簡單地說，在兔年，枕邊人就是你的貴人，甚至會比朋友更有力量！工作上遇到阻礙的時候，記得和另一半聊聊，說不定對方會有意想不到的人脈可以幫助你，又或是能夠幫你想出解決方法，讓你所有困難迎刃而解。

所以說，在這一年當中你必須要以妻為貴、以夫為重，才能獲得更多的貴人以及賺錢的好機緣。俗話說：「聽某／尪嘴，大富貴！」就是在說今年的你！這種是夫妻又是貴人的關係，在今年將會發揮的淋漓盡致。

人脈強運秘訣

今年枕邊人就是你的貴人，遇到困難可以多和另一半分享，也許對方會為你提供好的解決辦法，甚至為你帶來意想不到的貴人，拓展的人脈的同時為你帶來財運。

10月

血光運勢

代表星曜：天刑星
所處宮位：田宅宮
風水區域：餐廳

農曆十月出生的人，要特別小心與房舍相關的災害，因為天刑星在兔年坐落在田宅宮。小至水電故障、水管不通，再嚴重一點是久未處理而形成的壁癌，大至門窗損壞、房屋傾斜，或是因為天災帶來的損害，淹水、土石流等等，也有可能面臨被迫賣屋的危機，以上種種都有可能在兔年發生。

天刑星坐落在田宅宮同時也代表著家人的病痛或危機，或是家人必須聚少離多，甚至各分東西，都是兔年會出現的狀況。

血光破解方案

定期檢視房屋狀況及家中設備，如有老舊的家電也可在今年汰換，日常用火用電務必特別小心謹慎。此外，也要悉心照料家人的健康，才能平安度過兔年。

總論

農曆生月 11月

桃花運勢 ★★★
人脈運勢 ★★★★
血光運勢 ★★★★

出現多金的桃花，多與人合作，注意校園、職場安全

農曆十一月出生的你，今年身邊會有許多有錢的追求者，不妨利用今年的機會，好好打扮自己，發揮你的魅力，來場「有錢的戀愛」吧！

今年不適合一個人在事業上衝刺，可以多多借力使力，靠子女或是親戚得到好的發展機會，他們會為你帶來人脈及錢財，甚至還可以為你免去大破財的危機。如果遇到難題也可向他們求助，會得到好的解決辦法及支援。

因為天刑星坐落在官祿宮的緣故，所以要多多注意校園、職場上的危機，有可能是口舌是非較多，提醒自己盡可能保持冷靜，不與人起衝突。或是在校園、職場受到傷害，需要多多注意環境安全，以免發生血光之災。

11月

桃花運勢

代表星曜：天姚星
所處宮位：財帛宮
風水區域：廚房

巳 福德宮	午 田宅宮	未 官祿宮	申 奴僕宮
辰 父母宮			酉 遷移宮
卯 本命宮			戌 疾厄宮
寅 兄弟宮	丑 夫妻宮	子 子女宮	亥 財帛宮 天姚

農曆十一月生的朋友，你的天姚星坐落在兔年流年的財帛宮。錢財和桃花之間有什麼關係呢？第一種解釋，代表你賺了非常多的錢後，為了追求愛情而裝扮自己，讓追求者眾多。例如：化妝、去做微整型，或者買漂亮的衣服穿。

第二種解釋，我們稱之為「錢財桃花」，指的是「多金的愛情」，代表這一年當中，你的桃花很有可能是金龜婿或富家千金。多金的愛情，代表有錢追求愛情，或者由愛情來得到錢。

「錢財桃花」也有一個特殊的優勢，它通常代表的是你會遇到身價、財富、社會地位都比你好的人，也代表未來你不會因為談戀愛而大破財。所以，在這一年當中，勇於追求愛情吧！你一定能將自己的魅力發揮得淋漓盡致，即使自身沒有錢，你也能遇到很有錢的人來追求你！

桃花強運秘訣

今年想要擁有好桃花的話，可以花點治裝費好好打理自己，身邊會出現不少追求者，其中不乏富二代，這時需要注意不要被金錢蒙蔽雙眼，而識人不清喔！

11月

人脈運勢

代表星曜：左輔星、右弼星
所處宮位：兄弟宮、子女宮
風水區域：客房、後陽台

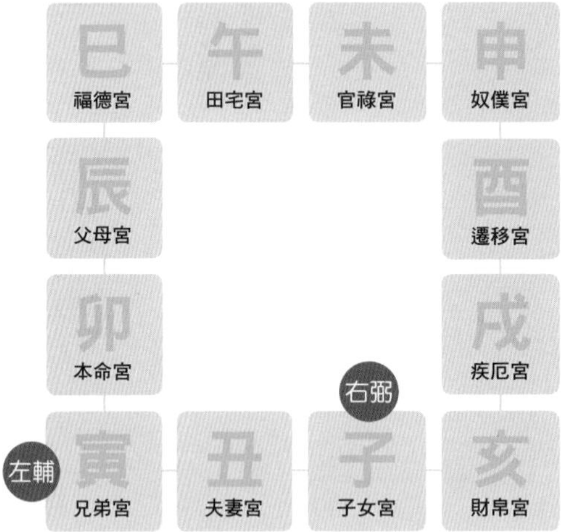

農曆十一月出生的人，左輔、右弼星在兔年會到流年的子女宮及兄弟。

若你是年事已高的朋友，今年可能會因為個人事業經營或已傳承給子女的事業、子女精細的股票分析，而獲得很大的利益。且也有機會藉由子女的朋友、親戚的朋友，甚至是朋友的朋友引薦，解決你在工作上遇到的困境，你的人脈將會比以往更加寬廣。因此，農曆十一月出生的朋友，今年勢必需要借力使力，千萬不要單打獨鬥。

另外，也可能會因為親戚或是子女得到更好的賺錢機會，幫你免除破財的大危機，請好好珍惜這些人脈。無論你面臨到什麼糾紛，這些新舊人脈都能夠幫你化解一切，如果有難，不要做困獸之鬥，放下尊嚴去尋求協助吧！相信會得到好的回應和解決之道。

人脈強運秘訣

兔年是個適合與人合作的一年，一個人單打獨鬥不如與子女或是朋友一同經營事業，可以好好利用今年的運勢，為自己拓展新的人脈，迎接事業新巔峰。

11月
血光運勢

代表星曜：天刑星
所處宮位：官祿宮
風水區域：辦公室

農曆十一月生的朋友，今年天刑星會坐落在兔年的官祿宮。官祿代表事業、學業，也就是職場、辦公室、學校。天刑星在官祿宮代表因公外出會危機重重。

在校園中與同儕的互動、談吐要多注意，不要得罪他人，以免引來不必要的麻煩。職場上，長期累積造成關節、視力、腰骨疼痛的毛病，有可能會在今年發作。如果你的工作是屬於追求速度的產業，更要注意職場的安全，才能避免不必要的血光。

居家職場的血光，通常暗而不明，會形成工作上的傷害。例如：傷眼睛、傷體力、不必要的切割傷、撞擊。跟職場受傷有關的，除了體力上的運送貨物等等，也包含與人互動、激烈的運動表演，都可能發生危害。

血光破解方案

多注意職場上的人事物，如果是具有攻擊性的，或是高危險的任務都要謹慎應對。也千萬不要勉強自己去勝任體力無法負荷的工作，才能降低血光帶來的危險。

總論

農曆生月

12月

桃花運勢 ★★★★
人脈運勢 ★★★★★
血光運勢 ★★★

積極交友拓展人脈，提防後輩、部屬的背叛

農曆十二月份出生的人在兔年性生活和諧，求子的夫妻有望在今年懷孕。若是年紀稍長的長輩，則有可能是家中小孩即將有喜訊，子女即將步入婚姻或是懷孕生子。

過去長期的努力會在今年得到回報，除了好名聲遠播，還有機會獲得更多利益。平時廣結善緣的人可在今年與朋友合夥，會從中獲得不錯的收益。

今年需要小心部屬、學弟妹們等等後輩在今年與你反目成仇。此外因為天刑星坐落在奴僕宮，還需要多加留意與晚輩同行，盡量不要與他們搭乘同台車，這有可能會為你帶來血光意外。

12月

桃花運勢

代表星曜：天姚星
所處宮位：子女宮
風水區域：後陽台

巳 福德宮	午 田宅宮	未 官祿宮	申 奴僕宮
辰 父母宮			酉 遷移宮
卯 本命宮			戌 疾厄宮
寅 兄弟宮	丑 夫妻宮	天姚 子 子女宮	亥 財帛宮

農曆十二月生的人，兔年的天姚星在子女宮。子女宮有桃花，代表象徵生命力和生殖能力的能量強大。也就是說，有了桃花，就有了生殖力，我們可稱之為房事桃花。會房事頻繁，而且表現的出類拔萃，能夠非常享受。

如果是已婚的朋友，不論男或女，只要配偶當中有一個人是農曆十二月生的，那代表有機會受孕成功，早生貴子。想生孩子的夫妻，可以好好把握今年。如果你是已經為人父母的人，而且子女又剛好在適婚年齡，那麼恭喜你了，他們可能有人要娶了，有人要嫁了，準備辦喜事囉！

桃花強運秘訣

如果你是父母，適婚年齡的子女可能即將有喜訊，如果你自己就是適婚年齡的人，要小心有一夜情的危機接近，不過如果是已婚人士，則會有更美好的性生活。

12月

人脈運勢

代表星曜：左輔星、右弼星
所處宮位：本命宮、財帛宮
風水區域：客廳、廚房

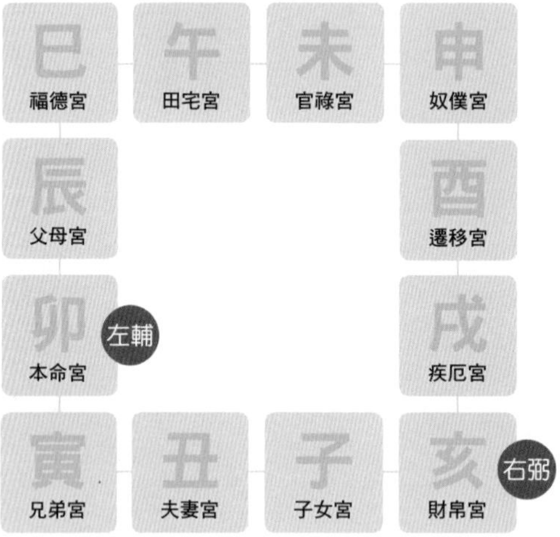

今年農曆十二月出生的人，左輔、右弼星坐落在本命宮，表示人脈會變得更廣闊，會交到更多朋友，而隨著好的朋友增加，你的名聲也會跟著遠播。此外還坐落在財帛宮，代表這一年會因為你過去長期的努力而備受肯定，得到多方面的支持，平時廣結善緣的你，還有機會和朋友合夥入股加盟，在錢財方面獲得更多利益。

最有助於左輔星和右弼星發展的就是保持幽默與風趣，當你在經商或者跟人搏感情、交朋友時，必須要展現出你的親和力和討人喜愛的個性，這樣一來，就能夠更加拓展人際關係、獲得對方的信任感，錢財運也可以跟著大大提升！

人脈強運秘訣

人脈就是錢脈，在這一年中，多交朋友，多參加朋友聚會，多涉獵許多團體，你會發現，在團體聚會當中，在職場的同儕之中，或是在學校的團體活動中，都能獲得更多掌聲。

12月

血光運勢

代表星曜：天刑星
所處宮位：奴僕宮
風水區域：辦公室

巳 福德宮	午 田宅宮	未 官祿宮	申 奴僕宮（天刑）
辰 父母宮			酉 遷移宮
卯 本命宮			戌 疾厄宮
寅 兄弟宮	丑 夫妻宮	子 子女宮	亥 財帛宮

代表血光的天刑星，往往也代表著小人帶刀，農曆十二月生的人，兔年血光之災位在奴僕宮。亦即，有不少來自晚輩、部屬、徒弟或學弟妹們跟你反目成仇的事件。具體來說，可能會是晚輩跟你沒大沒小，甚至於背叛師門，或朋友關係決裂等等，都有可能發生。

除此之外，與晚輩同行時也很有可能引來血光之災，舉凡一起外出，不論騎車還是開車，發生意外的機率都會比較高，就連探望晚輩病情，也很有可能招來血光，或是反而讓晚輩跟你有衝突，以致於受到傷害。

除此之外，也得多留意來自晚輩小人，別忘了，今年這些小人可都是帶刀的。

血光破解方案

對於晚輩的人際關係，需要小心再小心，不與晚輩同車，減少災禍波及機會，做好準備面對部屬或晚輩朋友的背叛，好度過今年。

Chapter 3

從出生時辰看功名、破財

人人都希望能夠求得功名、減少破財，
但大家知道可以從自己的出生時辰找到線索嗎？
現在就讓我們跟著詹老師，
看看兔年你的文昌星、文曲星、天空星、地劫星在那個宮位吧！

從文昌星、文曲星，看你兔年的功名前途在哪裡？

紫微斗數中的文昌星、文曲星是代表考試、功名的亮眼星宿。文昌代表文憑，文曲代表吃喝玩樂或巧藝，這兩顆星決定了個人的才華。每個人都有的這兩顆星，是根據出生時辰來決定宮位，再搭配流年，即能掌握兔年功名運勢。

究竟在兔年，你的文昌、文曲星在哪個宮位？如何增強功名運勢？快根據你的時辰，搶先一步知道自己的運勢，並且找到專屬的強運方法。

功名前途

子時、午時

子時：23:00～01:00
午時：11:00～13:00

代表星曜：文昌星、文曲星
所處宮位：父母宮、疾厄宮
風水區域：孝親房、廁所

文昌、文曲落在父母宮，表示父母在兔年將會是你的智慧之神。遇到挫折、瓶頸，或是學習有阻礙時，要勇於向父母求教，對你的考運、職場升遷，都有加分。順利的話，父母也會帶著貴人來接近你，請好好把握！

而疾厄宮與健康相關，當這裡出現文昌、文曲，代表你身體富健，因為文曲代表富足，所以會使你身體的受傷、病痛減到最低。又或者是代表你飽讀詩書，能時常得到克服病痛的資訊，當你有了智慧、相關知識，你就會有健康的身體，亦能透過學術的研究、智慧的提升，讓你免除病痛的危機。

功名提升建議

多與父母互動，保持良好的親子關係，會為你的考運及事業帶來正面影響。你在提升智慧、增加內涵的同時，也會為你的健康狀況加分。

功名前途

丑時、巳時

丑時：01:00～03:00
巳時：09:00～11:00

代表星曜：文昌星、文曲星
所處宮位：福德宮、遷移宮
風水區域：休閒室、大門外

文曲 巳 福德宮	午 田宅宮	未 官祿宮	申 奴僕宮
辰 父母宮			文昌 酉 遷移宮
卯 本命宮			戌 疾厄宮
寅 兄弟宮	丑 夫妻宮	子 子女宮	亥 財帛宮

丑時跟巳時生的朋友，你的文昌星、文曲星今年會坐落在福德宮跟遷移宮。福德宮表示功名，也代表畫畫，雕刻等等藝術才華，這個宮位有文昌、文曲星，代表你的才華今年將會獲得肯定，並且能有獲獎名次或奪回獎牌、獎金的機會。

加上還有遷移宮加持的緣故，所以如果是離開出生地或居住地，到外地參加考試或比賽的話，成功率會大幅提升，可以在今年多多朝這個方向努力。

功名提升建議

你的才華會在今年被看見、被肯定，可以放心的在這方面花時間。兔年如果有到外地比賽考試的機會，千千萬萬不要放棄，因為這對你來說會有很好的發展空間，可以大顯身手。

功名前途

寅時、辰時

寅時：03:00～05:00
辰時：07:00～09:00

代表星曜：文昌星、文曲星
所處宮位：田宅宮、奴僕宮
風水區域：餐廳、走道

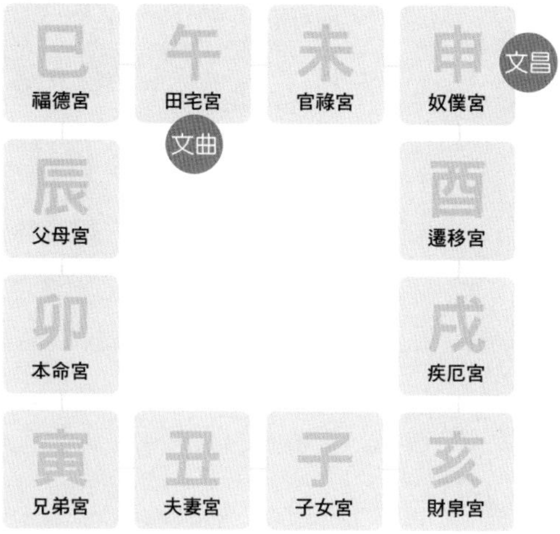

這兩個時辰出生的人，文昌、文曲星分別落在奴僕宮與田宅宮。代表當學業或是事業受到阻礙時，要謙卑、不恥下問地向部屬、學弟學妹或晚輩請教。拋開既定印象，藉由他們的指點就可以讓你事業與健康，各方面的危機都減低。

此外，在兔年你對於買賣房地產這方面，會有特別好的判斷力，若有意要購屋者可選在今年購買，可能還會得到出乎意料的驚喜喔！今年家中會有不少喜事，建議可改變裝潢或調整擺飾風水，以此讓運氣更加提升。

功名提升建議

可以多向晚輩請教，他們的想法與建議能為你帶來不少助力，甚至能化解你的事業危機。如果有想要買房置產的朋友，也可以選擇在今年進行。

功名前途

卯時

卯時：05:00～07:00

代表星曜：文昌星、文曲星
所處宮位：官祿宮
風水區域：辦公室

卯時出生的人，文昌、文曲星一同坐落在兔年流年的官祿宮，代表今年會是事業亨通、考運極佳的一年。

在職場上，你會獲得上司賞識且深受各方好評，除了獲利外也能得到好名聲，還會因為這些好名聲而連動未來事業的大良機。雖然事業繁忙，會比較疲累，但領悟力也因此變得更高，會遇到許多同行的貴人來支持你。

若你仍是學生，則會考運亨通，學業成績扶搖直上，也會遇見貴人幫助你提升智慧，是運勢非常好的一年。

功名提升建議

今年放心大膽的衝刺吧！你所付出的時間和努力，一定會在兔年得到收穫，遇到難題不要害怕、逃避，問題一定會迎刃而解的。

功名前途

未時、亥時

未時：13:00～15:00
亥時：21:00～23:00

代表星曜：文昌星、文曲星
所處宮位：命宮、財帛宮
風水區域：客廳、廚房

命宮有文昌、文曲，代表智慧大大提升，無論是ＩＱ還是ＥＱ都超越常人，判斷力非常好，學習能力強。在這個狀況下，智慧豁達，記性好，考運當然非常好，得到殊榮與執照都是大有機會。簡而言之，就是考運亨通，得到文憑機會大，也能光榮畢業，或能晉升好的職務，跳脫舊有環境，得到更好的名聲。

當財帛宮同時也有文昌、文曲時，代表會因為學業有成，而獲得獎學金；或是因為參加比賽獲得佳績，而得到獎金；如果你是上班族，那就會因為升遷而加薪，或是因為業績好而得到獎金。

功名提升建議

今年的你學習力驚人，智慧會有大幅的成長，進而為你帶來好的收穫，這個收穫可能是好的名聲或是不錯的進帳。

功名前途

申時、戌時

申時：15:00～17:00
戌時：19:00～21:00

代表星曜：文昌星、文曲星
所處宮位：兄弟宮、子女宮
風水區域：客房、後陽台

出生在申時跟戌時的人，文昌星和文曲星分別坐落在兄弟宮和子女宮。如果你有子女，他們今年參加考試會得到很好的成績，若子女已經出社會，就有機會出人頭地並得到特殊榮耀。此外，也可能是兄弟姐妹參加考試所向無敵，只要有所努力，都會得到應有的榮耀跟文憑。

今年子女能夠幫助你的事業獲得偌大的成功，將事情交由他們管理，有可能會有發大財的良機喔！或者，你也可能與兄弟姊妹相互扶持，大家一起團結一心，合力開創出前所未有的新局面。

功名提升建議

今年在事業方面會因為兄弟姐妹、朋友、子女而更加如魚得水，賺大錢。建議多聽聽兄弟姐妹或是子女、朋友的建議，就能獲得更多賺錢的機會。

功名前途

酉時

酉時：17:00～19:00

代表星曜：文昌星、文曲星
所處宮位：夫妻宮
風水區域：主臥室

巳 福德宮	午 田宅宮	未 官祿宮	申 奴僕宮
辰 父母宮			酉 遷移宮
卯 本命宮			戌 疾厄宮
寅 兄弟宮	文曲 丑 夫妻宮 文昌	子 子女宮	亥 財帛宮

酉時出生的人，今年文昌、文曲星一同坐落在夫妻宮。代表伴侶會考試有成、順利得到想要的文憑，或是得到很多代理機會，事業扶搖直上。

或許，也可能是你遇到很多無法突破的事情，或是思緒上遇到障礙，這時應向伴侶尋求建議，他們都會給你最好的答案與支持，一語驚醒夢中人，讓你輕易突破問題點，並且更上層樓。

若你現在仍是單身也不要擔心，建議在今年多看點書，累積不同的知識，當你飽讀詩書之後，好桃花自然而然會出現在身旁。

功名提升建議

今年你的枕邊人能夠指引你，如果你在學業或事業上遇到問題，無法突破瓶頸時，可以和另一半聊聊，也許會有新的思緒，使你豁然開朗喔！

從天空星、地劫星看你兔年的破財在哪裡？

與代表財運的祿存星相反的「天空星」和「地劫星」，是紫微斗數裡掌管與「破財」相關的兩顆星曜。本單元會從你出生的時辰來找出破財的原因，並提供如何避免及破解的辦法。

天空星代表的是迅雷不及掩耳的破財，往往在你不注意的時候，錢財就迅速流失，它同時也與人際關係之間的互動有關。而地劫星代表的則是因為本身不好的習慣，而慢慢積沙成塔的破財，像是每個月固定花錢購買幾件新衣，導致存款簿上的數字遲遲無法增加。

若能夠找出他們所在的位置，就能知道他對你帶來的影響，想辦法提前預防，有效減少你所流失的錢財，顧好你的荷包！

破財運勢

子時

子時：23:00～01:00

代表星曜：天空星、地劫星
所處宮位：財帛宮
風水區域：廚房

子時出生的人，今年的天空星、地劫星一起落在財帛宮，也就是說即便有再多的錢入你的口袋，都會因為你無窮的欲望而全部流失，主動與被動破財的狀況會接二連三不斷發生。

今年的你不宜賺大錢或是大投資，這些賺錢的想法很有可能會造成你錢財周轉失靈、投資失敗。尤其，今年財運特別不好，求財不得，千萬不要想一步登天，別參與賭博，否則只會愈賭愈窮。

如果想要化解這個破財危機，除了努力控制自己的物欲外，建議可以破點小財，如：捐善款、買禮送親朋好友等等，來降低破大財的可能。

降低破財秘法

今年務必提醒自己理性消費，以減少衝動購物所帶來的破財，平時可以花點小錢捐款或是送禮，以減少大破財的發失。

破財運勢

丑時、亥時

丑時：01:00～03:00
亥時：21:00～23:00

代表星曜：天空星、地劫星
所處宮位：子女宮、疾厄宮
風水區域：後陽台、廁所

丑時、亥時出生的人，對應到兔年流年，天空星和地劫星會來到子女宮與疾厄宮。子女宮有破財危機，代表什麼呢？有可能是家中即將迎來新成員，會需要經歷生產、添購設備等等，都算是破財。如果孩子已經長大，那麼可能會需要父母提供經濟上的援助，像是學費或生活費。壞一點的狀況，則是子女被人陷害或闖禍，需要父母支出金錢來調解。

疾厄宮代表身體亮紅燈，看醫生的花費讓你破財。建議可以轉為牙齒矯正、醫美的微整型，這雖然也是破財，但是能讓自己更健康漂亮，也並未不好。

身體健康的破財，要注意車禍、血光、刀傷、燙傷……這種被動破財。建議你可以轉為「養生破財」。在這一年買一些滋養身體的補品等等，保養身體也是一個選擇。

降低破財秘法

今年要多多注意身體健康，可以為自己買保險，或是購入保健食品，好好保養自己的身體，以免因為健康出狀況而大破財。

破財運勢

寅時、戌時

寅時：03:00～05:00
戌時：19:00～21:00

代表星曜：天空星、地劫星
所處宮位：遷移宮、夫妻宮
風水區域：大門外、臥室

當天空、地劫星落在遷移宮，代表你到外地會有破財的危機，例如：掉貴重物品、錢包，或是遇到扒手，甚至買到假貨都算。今年也不適合到外地投資，除了沒辦法賺到錢外，還有可能血本無歸，形成大破財。

如果是夫妻宮有天空、地劫星，則代表另一半會有破財的狀況，這時要盡可能不要讓對方理財。除此之外還有另一種解釋，就是可能會跟另一半聚少離多、各奔東西，需要多多關心他，以防你們的感情出現裂痕。

降低破財秘法

今年不宜出遠門，盡量多多在家，以減少破財的危機。減少外出也能多多陪伴另一半，可以避免感情出現裂痕，可以說是一舉兩得。

破財運勢

卯時、酉時

卯時：05:00～07:00
酉時：17:00～19:00

代表星曜：天空星、地劫星
所處宮位：兄弟宮、奴僕宮
風水區域：客房、走道

兔年中，卯時、酉時生的人，天空星與地劫星分別坐落在兄弟宮、奴僕宮。

兄弟宮有破財，很明顯的是來被手足投資失利波及，更嚴重的是，財破，人更不安。最後還因此反目，導致各奔東西，從此老死不往來。所以在兔年，千萬不要投資兄弟姐妹，也不要有金錢上的往來。兄弟宮同時也代表著朋友，所以也要小心與朋友之間的錢財來往。

除此之外，奴僕宮在破財方面要留意的是部屬監守自盜，把錢淘空，或是因為小人作梗，錯過賺錢機會，或者陷入惡性競爭等等。

降低破財秘法

盡量減少與手足以及朋友之間金錢上的合作，也要小心部屬是否有盜用錢財的狀況，或是職場上有小人從中破壞，讓你錯失了賺錢的機會。

破財運勢

辰時、申時

辰時：07:00～09:00
申時：15:00～17:00

代表星曜：天空星、地劫星
所處宮位：本命宮、官祿宮
風水區域：客廳、辦公室

辰時與申時出生的人，今年的天空星和地劫星坐落在本命宮及官祿宮，必須特別注意，因為你有可能會遇見兩個危機。

第一個危機是可能會突然感覺孤單落寞，或者與朋友失和、愛情遠離，也或許是與往常熟稔的家人疏遠等等情感狀況；第二個危機則是會有揮霍無度、破財連連、東賺西花、金錢拮据的狀況。

如果你已經出社會，將會因為職場上的投資，面臨到大失敗的可能，可以靠調整職場風水，來化解這個難題。建議可以藉由買賣廠房或辦公室，將某些停滯的資產轉為流動的現金，就可以破解不必要的破財危機。

降低破財秘法

可以多多與親朋好友聯絡感情，避免長時間沒聯繫而彼此疏遠。如果是在職場遇到投資失利的狀況，可以透過調整辦公室風水改善。

破財運勢

巳時、未時

巳時：09:00～11:00
未時：13:00～15:00

代表星曜：天空星、地劫星
所處宮位：田宅宮、父母宮
風水區域：餐廳、孝親房

巳時與未時出生的人，今年天空、地劫星則是坐落在田宅宮及父母宮。

田宅宮帶天空、地劫，代表家人也會有破財的危機，有可能會有親戚前來借錢，即使有錢也不還的機率很高。田宅代表的房地產，兔年在這方面的投資失利而損失大筆金錢的危機是存在的，都請務必小心。

坐落在父母宮，則表示父母在金錢方面會有問題，因此連帶影響了你的破財運勢。父母可能急需用錢，而來向你開口，或是父母經商、投資失利，讓經濟狀況亮了紅燈，面對這種狀況，做子女的理當資助父母，也因此就產生破財的狀況了。

降低破財秘法

今年要小心處理房地產的投資，切記謹慎勿衝動。同時也要謹慎評估是否借錢給親戚，有可能會有對方不還錢的狀況。

破財運勢

午時

午時：11:00～13:00

代表星曜：天空星、地劫星
所處宮位：福德宮
風水區域：休閒室

巳 福德宮（天空、地劫）	午 田宅宮	未 官祿宮	申 奴僕宮
辰 父母宮			酉 遷移宮
卯 本命宮			戌 疾厄宮
寅 兄弟宮	丑 夫妻宮	子 子女宮	亥 財帛宮

午時出生的人，今年的天空星、地劫星落在福德宮。福德宮代表的是興趣、思緒、智慧與判斷，所以當一快一慢的天空、地劫星坐落在此位時，會令福德宮產生錯亂，造成不少令人扼腕的失誤。

喜的是，在這新的一年你可以吃穿不愁，獲得比以前更好的物質享受；但憂的是，你極有可能會因為判斷錯誤，被人盜用公款、聽信謠言亂買股票，或者借錢給別人亂投資等等，而形成因為一時的錯誤判斷，造成無法彌補的破財狀況。

降低破財秘法

所有和錢財相關的決策都必須更加小心謹慎，不要隨意聽信謠言而花大錢投資、買股票，因為兔年的你很有可能因此而造成大破財。

Chapter 4

從農曆出生西元年尾數看貴人、財運、疾厄

除了出生月份、生辰之外，生命中的貴人、財運以及疾厄運勢，
得依靠出生年份來配合宮位找尋。
主掌貴人運的天魁星、天鉞星；左右財運的祿存星，
還有能看出健康端倪的羊刃星、陀羅星，
如何左右你的運勢，趕緊往下看。

從天魁星、天鉞星看你兔年的貴人在哪裡？

天魁星、天鉞星是紫微斗數中的六吉星宿，主掌著每個人的貴人運。這兩顆星星又稱為「天乙貴人」，也就是大家常說的年長的貴人。天魁代表年長的男性，象徵直接的支持與鼓勵，而天鉞就是年長女性貴人的代表，提供暗地裡或從旁的協助。

每個人都有天魁星與天鉞星的貴人，只是會在不同的地方出現！今年，我將利用兔年的流年命宮命盤的轉動，從每個人的農曆出生的西元年尾數來告訴你，那些會幫助你的貴人在哪裡！教你如何獲取機會，將所有貴人一把抓，財富名聲通通到手。

貴人運勢

1 出生西元年尾數

代表星曜：天魁星、天鉞星
所處宮位：田宅宮、兄弟宮
風水區域：餐廳、客房

出生西元年尾數是1的人，兔年天魁、天鉞星坐落在田宅宮與兄弟宮。

這代表今年無論你碰到什麼事，都能夠逢凶化吉。如果有打算買賣房地產，將有機會大大獲利，或是繼承家產有成，是個行好家運的一年，家裡會喜事連連，兄弟姊妹都會考運亨通。在家人的力挺支持之下，你的事業會獲得眾人的肯定。

人脈方面，對你來說也是個兄弟姊妹力挺、人脈豁達的好年，建議多與兄弟姊妹的朋友交流，因為你的貴人將是他們身邊的朋友之一，假日有空閒時多和他們一起參與戶外活動或是聚會吧！極可能遇見你今年的大貴人。

兔年強運建議

希望兔年能有貴人相助，可以多和兄弟姐妹交流，多與他們走動，也許能因此碰上你的大貴人喔！

貴人運勢

出生西元年尾數2、3

代表星曜：天魁星、天鉞星
所處宮位：本命宮、福德宮
風水區域：客廳、休閒室

天魁 巳 福德宮	午 田宅宮	未 官祿宮	申 奴僕宮
辰 父母宮			酉 遷移宮
卯 本命宮 天鉞			戌 疾厄宮
寅 兄弟宮	丑 夫妻宮	子 子女宮	亥 財帛宮

出生西元年尾數2、3的人，今年天魁星跟天鉞星坐落在福德宮與本命宮，表示今年是個增福增壽，物質會獲得最大享受的一年。想要什麼就能得到什麼，學習能力會突飛猛進，智慧也會跟著增長，更會遇到貴人扶持，得到好運氣，就連賺錢人脈方面也會得到不少提攜喔！

今年這一年，你遇上任何事情都能夠順心如意，就算有苦難跟災難，也能夠迎刃而解、化兇為吉。建議有空閒時不要光待在家發呆，可以多與年長者、資歷深或是有學問才華的人接觸，可一同出外遠行或是參與聚會，因為他們才是你今年真正的貴人。

兔年強運建議

今年會是個運勢大好的一年，所有困難都能迎刃而解，建議平時可以多和長者或是資歷深的人接觸，他們能為你帶來不錯的運勢喔！

貴人運勢

出生西元年尾數4、8、0

代表星曜：天魁星、天鉞星
所處宮位：官祿宮、夫妻宮
風水區域：辦公室、主臥房

巳 福德宮	午 田宅宮	未 官祿宮	申 奴僕宮
辰 父母宮		天魁	酉 遷移宮
卯 本命宮	天鉞		戌 疾厄宮
寅 兄弟宮	丑 夫妻宮	子 子女宮	亥 財帛宮

出生西元年尾數4、8、0的人，代表貴人運的天魁星和天鉞星坐落在官祿宮和夫妻宮。

簡單來說，職場上會有貴人扶持，你的長官會拉你一把，升官指日可待。在工作上，會得到好的客戶，讓你往上發展大有機會；在學業上，會得到好老師的肯定、支持與輔導。由於貴人扶持在官祿宮，官祿就是事業，因此你的考運也會很好，能透過這個運勢，獲得更多肯定。

夫妻宮代表配偶、枕邊人，另一半成為你的貴人，表示你能藉由另一半的幫助，工作順利、健康狀況更好，人際關係也能透過愛人的幫助，帶給你更好的財運周轉。

兔年強運建議

在職場和校園會有不錯的機會與成長，你的枕邊人也能為你帶來很強的幫助，使你在工作或是錢財上都能有很好的收穫！

貴人運勢

出生西元年尾數5、9

代表星曜：天魁星、天鉞星
所處宮位：奴僕宮、子女宮
風水區域：走道、後陽台

巳 福德宮	午 田宅宮	未 官祿宮	申 奴僕宮（天魁）
辰 父母宮			酉 遷移宮
卯 本命宮			戌 疾厄宮
寅 兄弟宮	丑 夫妻宮	子 子女宮（天鉞）	亥 財帛宮

出生西元年尾數5、9的人，今年天魁、天鉞星落在奴僕宮以及子女宮。

在兔年，你可以藉由部屬的力量與智慧，放手讓屬下策劃與執行，借力使力，更能創造更好的業績與成就。因為貴人在奴僕宮的關係，你的屬下對你絕對是忠誠，勇於為了你付出，你偶爾需要站出來號召大家一起努力，但不論如何，團結力量大，是你可以白天數鈔票，晚上好好睡覺的一年。

子女有貴人，如果你的小孩已經長大，代表他們今年開始功成名就、考運亨通，將得到學業或社會上的特殊榮耀，你會以子為貴。甚至因為小孩的幫助，讓你遠離病痛的危機。

兔年強運建議

事業上放心讓下屬發揮，相信他們一定能夠有很好的表現，更能為你帶來很好的成就。今年也可以多多依靠子女，他們會是你強而有力的後盾。

貴人運勢

出生西元年尾數6、7

代表星曜：天魁星、天鉞星
所處宮位：遷移宮、財帛宮
風水區域：大門外、廚房

巳 福德宮	午 田宅宮	未 官祿宮	申 奴僕宮
辰 父母宮		天魁	酉 遷移宮
卯 本命宮			戌 疾厄宮
寅 兄弟宮	丑 夫妻宮	子 子女宮	亥 財帛宮 天鉞

出生西元年尾數6、7的人，天魁星跟天鉞星坐落在遷移宮與財帛宮，表示若你需要遠行外出，或是出差到外地工作，將有機會遇見或得到讓你事業達到巔峰的機會。

若是公司外派出差，只要有你帶領晚輩，就能夠所向無敵、一馬當先，並且能夠創造出事業跟收入的奇蹟。在外地也會遇見貴人，他會因為你擁有與別人不同的能量及智慧，而無條件資助你，你也能替他賺進更多的錢，獲得雙贏。

所以今年千萬不要固步自封，能夠有機會出門就多出門，才能夠遇見更多的好機會與貴人，讓你的事業以及錢財愈來愈好。

兔年強運建議

如果有到外地出差的機會千萬不要錯過，今年的你能在外地遇到貴人，幫助你在事業上創造出前所未有的新高峰。

從祿存星看你兔年的財運在哪裡？

與財運有關的「祿存星」，只要看它坐落在哪個宮位，就能得知兔年你會從哪裡獲得發財的機會。「祿存」兩字代表的是「錢財存在」的意思，新的一年到臨，每個人都會有想要發財的念頭，但若找錯發財的方向或是沒有把握住機會，結果只會徒勞無功。

接下來我會根據每個人出生的年份來破解，並告訴你在兔年如何發財的方法，這樣一來，就可以事半功倍地賺到你理應該獲得的錢財、尋找到你真正的財神究竟在哪？避免錯失上天給你的好財運。

財運運勢

0 出生西元年尾數

代表星曜：祿存星
所處宮位：奴僕宮
風水區域：走道

巳 福德宮	午 田宅宮	未 官祿宮	申 奴僕宮（祿存）
辰 父母宮			酉 遷移宮
卯 本命宮			戌 疾厄宮
寅 兄弟宮	丑 夫妻宮	子 子女宮	亥 財帛宮

出生西元年尾數0的人，你的祿存星坐守在今年的奴僕宮，也就是說發財不能夠只靠自己，必須和別人團結一致、打團體戰才能夠財源滾滾來，要跟別人合夥結盟或是借力使力，來增加自己的財源。

今年這一年，你要藉由朋友、部屬或是晚輩的發財，才能在這一年中有獲利的空間，事業上有些事項或是業務，建議直接請下屬代勞即可，他們的表現將遠遠超乎你的想像，並為你帶來獲利。

因此，只要你給予他們適當的自主權、適當的信任，那麼他們將會在這一年當中，替你開拓出難以預期的好財源喔！

兔年強運建議

多與人合作，不要單打獨鬥，適當的藉由朋友的力量、人脈，善加運用部屬的能力，反而是一個出奇制勝的賺錢好機會。

財運運勢

出生西元年尾數 1

代表星曜：祿存星
所處宮位：遷移宮
風水區域：大門外

巳 福德宮	午 田宅宮	未 官祿宮	申 奴僕宮
辰 父母宮			酉 遷移宮 祿存
卯 本命宮			戌 疾厄宮
寅 兄弟宮	丑 夫妻宮	子 子女宮	亥 財帛宮

出生西元年尾數是1的朋友，你們的祿存星今年正坐落在遷移宮。

想賺錢、發財，找到財神爺嗎？財神爺不在你家，而是在他鄉、異地、遠方。你要把握出差的機會，不要因為家人的牽絆而走不出去。如有到外地考察、投資、採購的機會要好好把握。只要到外地張羅你的事業、觀察事業方向，都能獲得無法想像的進步。千萬不要墨守成規、故步自封，固守在家鄉錢財不會來，就枉費了今年的好機會。能到遠方考試、買房子、投資，或是增長智慧見聞，對你而言都非常有利。

兔年強運建議

今年如有到外地的機會多多把握，因為財神爺正在遠方向你招手喔！無論是到異地投資、出差、考試，都會有很好的成果。

財運運勢

2 出生西元年尾數

代表星曜：祿存星
所處宮位：財帛宮
風水區域：廚房

巳 福德宮	午 田宅宮	未 官祿宮	申 奴僕宮
辰 父母宮			酉 遷移宮
卯 本命宮			戌 疾厄宮
寅 兄弟宮	丑 夫妻宮	子 子女宮	亥 財帛宮 祿存

出生西元年尾數2的人，兔年祿存星就在財帛宮。財神入主財帛宮，你將擁有財運方面最極致的好運。可謂財神入財鄉，相得益彰，左右逢源，錢財可期，財源滾滾，兔年可以安坐數鈔票了。

在這新的一年，可能會有人找你投資，如果機會來了，不要膽怯，勇敢地嘗試吧！因為今年的你投資什麼就賺什麼！不但新的投資能夠獲利，甚至就連原本有點賠錢的投資生意，在今年也會創造奇蹟，會得到突如其來的意外之財，是個能夠不斷創造賺錢好機會，怎麼投資都能獲利的好年。

兔年強運建議

對農曆出生西元年尾數2的人來說，兔年是財運大好的一年，適合嘗試投資，會有很好的收穫，如果是之前都在賠錢的投資，也會在今年好轉，賺進錢財。

財運運勢

出生西元年尾數3

代表星曜：祿存星
所處宮位：子女宮
風水區域：後陽台

出生西元年尾數3的人，你的祿存星坐落在今年流年的子女宮，若你剛新婚不久，打算懷孕或者已懷孕，有機會因為生兒育女，而獲得不少錢財，可能是長輩們給的紅包，或者是孩子帶財，得到各種賺錢機會；若你年事已高，則是兒女會升官發財，並和你分享財富，抑或是子女個人的事業有成而財運亨通。

今年是投資子女事業的好時機，有了你的支援，他們的事業有機會由負轉正、由賠轉盈。如果是家族事業，你能夠藉由兒女來創造事業的巔峰，可以試著毫無顧忌、全心全意地讓子女幫你理財，或者給你投資建議，他們將帶給你更多獲利。另外，若有考慮將事業承繼給子女，今年會是時機最好的一年。

兔年強運建議

今年適合和孩子一同投資做生意，在兔年不用擔心會有破財的危機，所以放心的與孩子合資吧！兔年是一個以子為貴，以子致富的好年。

財運運勢

4 出生西元年尾數

代表星曜：祿存星
所處宮位：兄弟宮
風水區域：客房

巳 福德宮	午 田宅宮	未 官祿宮	申 奴僕宮
辰 父母宮			酉 遷移宮
卯 本命宮			戌 疾厄宮
祿存 寅 兄弟宮	丑 夫妻宮	子 子女宮	亥 財帛宮

你的出生西元年尾數是4的人，祿存星則是坐落在兔年流年的兄弟宮，代表會有人找你合夥入股、合作事業或是和你收買股票，這是你可以考慮的賺錢機會喔！你將會因為朋友兄弟的大力支持，以及貴人相扶持，讓事業更上層樓。

或者你會得到朋友貴人的牽引介紹，使你在錢財、業務、事業等等財務方面如虎添翼，遇見左右逢源的好財源；或是也有可能因為朋友好康道相報，得知賺錢的好訊息，默默地累積不少財富。

兔年強運建議

今年財運重點就是「兄弟姊妹、親朋好友」，他們是你今年的財神貴人！如果你想賺錢或是開創新事業，可以找他們一起合作，若是資金不夠也可以找朋友幫忙，朋友們會義不容辭地幫你，而他們的幫助就能夠帶給你更好的運氣！

財運運勢

出生西元年尾數5

代表星曜：祿存星
所處宮位：本命宮
風水區域：客廳

巳 福德宮	午 田宅宮	未 官祿宮	申 奴僕宮
辰 父母宮			酉 遷移宮
卯 本命宮 祿存			戌 疾厄宮
寅 兄弟宮	丑 夫妻宮	子 子女宮	亥 財帛宮

你的出生西元年尾數是5的人，那麼恭喜啦！祿存星坐落在流年的本命宮，代表你本身就是一位財神爺，可以財源廣進、吃喝玩樂樣樣都能夠獲得滿足。

今年的你錢包將會賺得飽飽的，不但吃穿不愁、做生意必定獲利，且人際關係愈來愈好，甚至桃花也會層出不窮，是個獲利頗豐的一年。而若你在這一年當中有兼職或是身兼數職，也都能夠獲得非常好的回報及錢財喔！

因為祿存星在命宮的關係，你也能夠成為別人的財神貴人，你的存在將會帶給身邊親人以及好朋友更好的運氣和財源，大家都會爭先恐後地想要親近你。

兔年強運建議

恭喜！今年你本身就是財神爺，不管是在哪方面都能夠大豐收，還會成為人人爭先恐後接近的人氣王喔！

財運運勢

出生西元年尾數6、8

代表星曜：祿存星
所處宮位：福德宮
風水區域：休閒室

祿存 巳 福德宮	午 田宅宮	未 官祿宮	申 奴僕宮
辰 父母宮			酉 遷移宮
卯 本命宮			戌 疾厄宮
寅 兄弟宮	丑 夫妻宮	子 子女宮	亥 財帛宮

出生西元年尾數6、8的人，你的祿存星坐落在流年的福德宮，代表在這一年當中你有機會得到很多智慧財。可能是你的才華或者作品被大受肯定，獲得非常多的榮譽跟名利，甚至於會因為獲獎而聲名大噪，讓更多人知道你或你的品牌。

今年對你來說，是個只要有才華就一定能夠賺錢的一年，只要賺到錢，就能夠過你想要的生活，吃穿不愁，如果是單身的朋友，也可能有意想不到的豔福。

若是本身沒有特別才華或是還沒有找到想做的事的朋友，也不需要太過於沮喪，只要你願意花心力去培養，那麼今年都有機會開發出你令人意想不到的潛力喔！

兔年強運建議

今年可以好好發揮自己的才華，因此賺到一筆錢財。如果是現在還沒有才華的朋友也不必擔心，可以在今年好好花心力去培養，相信一定能有很好的收穫。

財運運勢

出生西元年尾數7、9

代表星曜：祿存星
所處宮位：田宅宮
風水區域：餐廳

出生西元年尾數是7、9的人，你的祿存星永遠坐落在午的宮位，這正好是流年的田宅宮。

田宅，代表家人，今年你們家族的財運會非常亨通。除此之外，也可能因為買賣、租賃、成交房地產，或者介紹投資房地產，以此獲利。你也可以選擇在今年更換居家家電設備，甚至重新翻修裝潢，讓房子擁有好的風水，讓你過得更順心如意，賺錢更得心應手。

今年你能擁有所謂的「田宅財」，舉凡跟房屋、土地相關的種種變動，都能為你帶來獲利。房地產、房屋就是你的「庫」，「庫旺」才能「財旺」。

兔年強運建議

今年整個家族財運亨通。農曆出生西元年尾數是7、9的你，適合進行土地房屋的相關交易，會有不錯的獲益。如有裝修房屋的計劃，也可以在兔年進行。

從羊刃星、陀羅星看你兔年的疾厄在哪裡？

通常，說到與血光有關的是「天刑星」，但也有另兩個星曜是我們需要留意的，那就是跟災難有關的「羊刃星」與「陀羅星」。這兩顆星一樣是從出生的年份來查找。只要找到他們所對應的流年位置，我們就可以知道在兔年會遇到糾葛麻煩或是官司困擾的原因。

羊刃星代表的是突然出現、發生的麻煩災難，而陀羅星代表的則是因為生活的壞習慣，慢慢累積的惡性災難，若是事態嚴重也可能會帶來死亡，不可輕忽。所以我除了告訴你可能會遇見的災難以及災難在哪之外，也會告訴你該如何預防、避免壞事的發生，還有破解的方法。

疾厄運勢

出生西元年尾數0

代表星曜：羊刃星、陀羅星
所處宮位：官祿宮、遷移宮
風水區域：辦公室、大門外

出生西元年尾數0的人，今年你的羊刃星與陀羅星坐落在流年的遷移宮及官祿宮，在此提醒你兩件重要的災難，需要特別謹慎預防。

首先是出外可能會特別容易跌倒受傷、大小血光，或是有官司刑求纏身。若需要遠行到外地，建議可以找貴人一同前往，就可以閃避災難。今年如果有空閒時，可找個時間去廟裡拜拜祈求平安，讓自己能夠避開不必要的血光之災。

其次因為陀羅星在官祿宮，你今年在職場上可能會有明顯的格格不入感。主要是因為你自身的堅持及理念，所以當處事者或長官的想法跟你相違背時，就可能會產生爭執。然而，需管控好你的脾氣，以免讓長官對你大打折扣，後續就可能產生更多麻煩，所以還是忍一時風平浪靜吧！

兔年強運建議

休閒活動方面，避免高危險性的項目，好減少受傷的機會。職場上，非常建議選個禮物送給客戶或同事，利用破財化解小人之災。

疾厄運勢

1 出生西元年尾數1

代表星曜：羊刃星、陀羅星
所處宮位：奴僕宮、疾厄宮
風水區域：走道、廁所

巳 福德宮	午 田宅宮	未 官祿宮	申 奴僕宮（羊刃）
辰 父母宮			酉 遷移宮
卯 本命宮			（陀羅）戌 疾厄宮
寅 兄弟宮	丑 夫妻宮	子 子女宮	亥 財帛宮

出生西元年尾數1的朋友，兔年羊刃星與陀羅星正好落在奴僕宮跟疾厄宮。

當身體不太舒服、應該看醫生、動手術的時候就該去醫院，千萬不要拖延；每幾年一次的健康檢查也不能偷懶，切忌抱著僥倖的心理！若需要破解血光之災，只要動些小手術，例如：微整型、捐血等等就能夠破解。

另外需注意一下，原本是心腹、徒弟或是平時的好哥兒們，可能會阻撓你的成功，甚至可能在背後捅你一刀或是竊取資料、在客戶面前講你壞話、造謠，有意或無意間破壞你的名譽。因此，今年需多加注意並且小心防範身邊的人，多多保持警戒。

兔年強運建議

在兔年，基本上不要過度信任別人，以防小人出現。自己也要多行善少做壞事，努力讓家中氣氛和樂，便能好好度過這個危機年。

疾厄運勢

2 出生西元年尾數

代表星曜：羊刃星、陀羅星
所處宮位：疾厄宮、子女宮
風水區域：廁所、後陽台

針對出生西元年尾數2的朋友，羊刃星、陀羅星在兔年落在子女宮與疾厄宮。

疾厄宮最怕出現的就是陀羅星，兔年你將會暗疾纏身，難逃開刀命運，而且血光不斷。不論病因從何而來，是職業病還是風水病，今年，帶著血光的疾病是躲不掉的。其中，更要注意的是突如其來的血光，也就是總是讓人膽戰心驚的意外。

子女宮出現羊刃、陀羅星，則代表如果你是長輩，子女將受刀傷之苦，可能是慢性疾病的復發，或者是孩子有突如其來的血光而進出醫院，造成不必要的破財，父母勞心勞力。也可能發生，孩子在課業、工作上，與人產生不必要的爭執，而帶來血光，都是這一年當中會發生在孩子身上的。如果你是年輕人，則會有受孕頻受阻礙之感，懷孕者，流產危機不容忽視。未婚者則是會遇到性生活不美滿，房事不順。

兔年強運建議

今年要格外注意自己的身體健康，如果是有兒女的朋友，則要多關心小孩的狀況，懷孕者更要小心有流產的危機。

疾厄運勢

出生西元年尾數3

代表星曜：羊刃星、陀羅星
所處宮位：夫妻宮、財帛宮
風水區域：主臥房、廚房

巳 福德宮	午 田宅宮	未 官祿宮	申 奴僕宮
辰 父母宮			酉 遷移宮
卯 本命宮			戌 疾厄宮
寅 兄弟宮	陀羅 丑 夫妻宮	子 子女宮	亥 財帛宮 羊刃

出生西元年尾數為3的人，今年羊刃星與陀羅星正好坐落流年的夫妻宮與財帛宮。

簡而言之，就是夫妻會因為錢而吵架。羊刃、陀羅落在財帛，表示錢財產生問題，該拿的拿不到、該破財的逃不掉，是一個為錢財煩惱的一年。其次，又入夫妻宮，是雪上加霜的狀況，表示除了自己破財，配偶可能也會投資失敗，又需要你化解，形成蠟燭兩頭燒的狀況。

更有可能是「財去，人也去」，沒錢了，愛人也跑掉了。或者為錢爭執不斷，像是配偶加諸了你工作賺錢的壓力。今年與心愛的人在觀念上、想法上，都容易產生分歧，包含對小孩的教育、未來的規劃、投資理財的決定，都南轅北轍。這是一個夫妻產生爭執，甚至容易陷入分居、分開的陰暗年。

兔年強運建議

可到廟裡拜拜祈求平安順利，記得今年在錢財上，和另一半要心平氣和的處理，以免造成人財兩失的狀況。

疾厄運勢

出生西元年尾數4

代表星曜：羊刃星、陀羅星
所處宮位：夫妻宮、本命宮
風水區域：主臥室、客廳

出生西元年尾數4的人，你的羊刃星與陀羅星坐落在流年的本命宮及夫妻宮，表示你今年可能會因為鑽牛角尖、多慮憂慮而導致精神相關的疾病發作；或是有可能鬱鬱寡歡、看什麼都不順眼。

我建議透過信仰或是多到戶外旅遊來消除壓力，就能夠化解鑽牛角尖、精神相關疾病發作的危機。另外，今年的你會比較容易事倍功半，會有做什麼都搞砸的感覺，另一半會對你有所微詞，長期下來可能會爆發婚姻危機。也有可能因為自己受傷或是跌倒，進而拖累了配偶。

今年你會遇見不少血光、刀光或是口舌之災，但不要慌張，只要記住冷靜、忍耐去處理，就能盡量避免衝動而帶來的災難。有空時，多多關心配偶和自己的健康，不要過度操勞，若需要出外行車也要特別注意安全。

兔年強運建議

冷靜面對事情，凡是多點耐心，勿衝動行事，也要時刻提醒自己不要過於鑽牛角尖，對另一半也要多多包容。

疾厄運勢

出生西元年尾數5

代表星曜：羊刃星、陀羅星
所處宮位：父母宮、兄弟宮
風水區域：孝親房、客房

巳 福德宮	午 田宅宮	未 官祿宮	申 奴僕宮
辰 父母宮 羊刃			酉 遷移宮
卯 本命宮			戌 疾厄宮
陀羅 寅 兄弟宮	丑 夫妻宮	子 子女宮	亥 財帛宮

出生西元年尾數5的人，羊刃星與陀羅星坐落在父母宮及兄弟宮，兩個宮位都與家人有關，代表你今年會家事不寧，需要多注意父母跟兄弟姊妹之間的相處，可能會爭吵不斷，嚴重者甚至會反目成仇、老死不相往來。

兄弟姊妹也許會狀況頻出，舉凡官司纏身、考運不好或是疾病復發都有可能發生。父母身體狀況多變，若父母較為年長可能會重病復發、遇血光之災，甚至需要進行重大手術。有空時多關心家人，增進感情之外，也能夠提前預防喔！

另外，今年父母會不斷對你碎碎念、緊迫盯人，帶給你莫名壓力，建議好好調適後欣然接受，因為一旦聽進父母的規勸，大福氣就跟著來了；反之，若不聽勸或是叛逆拒絕，則有可能造成更大的麻煩災禍。

兔年強運建議

避不掉的危機，要以心平氣和來看待。必須多一點包容心、體諒心，共同承擔提醒危難的責任，才能化解這個危機。

疾厄運勢

出生西元年尾數6、8

代表星曜：羊刃星、陀羅星
所處宮位：父母宮、田宅宮
風水區域：孝親房、餐廳

農曆出生西元年尾數6、8的朋友，兔年中羊刃星、陀羅星落在父母宮與田宅宮。表示今年的危機與危險都藏在家中。家中口舌是非會變多，變賣家產無法獲利，甚至家人反目各自東西。也有可能是家中物品所困擾，家具、家電的毀壞，或是因為搬家過程中有很多不順遂之處，都是可能會發生的。

其次，更要注意到的是父母的健康，包括生理上的與精神層面的疾病。父母可能多慮憂、老年癡呆或健忘，都會造成你很多的困擾。唯有多關照父母，更投入經營與父母之間的關係，可以緩和父母因為長期無法和子女相聚的情緒不穩。兔年中，還會有許多父母干涉你的生活、工作、姻緣等等，會造成衝突或反目，不只是父母，還有公婆、岳父母，都會受到陀羅星星的影響。羊刃星，則是讓你在兔年購屋成家困難重重。危機可能發生在，契約、裝潢所產生的訴訟官司上，務必小心。

兔年強運建議

兔年需要注意和父母之間的關係，多多關照父母身體，遇事心平氣和、冷靜面對，千萬不要讓不好的情緒影響家人之間的感情。

疾厄運勢

出生西元年尾數 7、9

代表星曜：羊刃星、陀羅星
所處宮位：福德宮、官祿宮
風水區域：休閒室、辦公室

陀羅 巳 福德宮	午 田宅宮	未 官祿宮 羊刃	申 奴僕宮
辰 父母宮			酉 遷移宮
卯 本命宮			戌 疾厄宮
寅 兄弟宮	丑 夫妻宮	子 子女宮	亥 財帛宮

農曆出生西元年尾數是7、9的人，兩顆代表苦難的羊刃星、陀羅星，一定坐落在巳和未的宮位，正好位於兔年的福德宮與官祿宮。

落在福德宮，代表積勞成疾、思想判斷錯誤、憂鬱、多慮。而加上官祿宮，表示你煩惱的事情可能與工作、職場有關，力不從心，或者付出多、得到少的不公平狀況。第二個，職場上也可能面臨到效率與能力的問題，也可能自己判斷錯誤，貪念太多，想要跳槽，但卻愈跳愈慘，工作上被刁難、升官失利、降職，都是有可能發生的。工作會有被開除的危機。

在新的一年，你在職場上的發揮有限，甚至有小人帶刀，背後會說你壞話，再加上你自己多慮、煩惱，發揮空間又小，禍不單行。

兔年強運建議

在職場上低調行事，多讚美對方，就是化解危機的開始。記得，不要想太多，反而讓自己不快樂。

GUCC

Chapter 5

兔年開運農民曆

看完自己今年的運勢了嗎？

本章節提供你家家必備的兔年農民曆！

清楚列出每日宜忌、每天的吉時、胎神方位…

讓你新年度的每一天都能有所依據！

二〇二三年國曆一月

日期	1	2	3	4	5	6	7
星期	日	一	二	三	四	五	六
節日 節氣	元旦				小寒		尾牙
農曆	初十	十一	十二	十三	十四	十五	十六
干支	己未	庚申	辛酉	壬戌	癸亥	甲子	乙丑
每日宜忌	**宜：**祈福、酬神、齋醮、動土、安床、入殮、除靈、破土 **忌：**開光、安門、嫁娶、火葬、進金、安葬	**宜：**祈福、酬神、出行、開光、齋醮、訂婚、嫁娶、安灶、掛匾、入殮、除靈、火葬、進金、安葬、求醫治病 **忌：**動土、入宅、安香	**宜：**祈福、酬神、開光、設醮、齋醮、裁衣、合帳、安床、作灶 **忌：**動土、嫁娶、入宅、安香、入殮、除靈、火葬、進金、安葬	**宜：**牧養、納畜、開光、訂婚、裁衣、動土、安灶、掛匾、除靈、破土 **忌：**嫁娶、入宅、安香、安床、酬神、火葬、進金、安葬	**節前宜：**裁衣、合帳、動土、安灶 **節後宜：**時間短促用事取節前吉 **忌：**嫁娶、安床、開光、入殮、除靈、火葬、進金、安葬	**宜：**祈福、酬神、牧養、納畜、訂婚、安床、安灶、入殮、移柩、除靈、火葬、進金、安葬 **忌：**嫁娶、入宅、安香、開光、動土、開刀	**季月逢丑日謂正紅紗宜事不取**
每日吉時	子卯 巳午	丑卯 辰巳	子丑 寅午	子丑 巳午	寅卯 辰午	子丑 卯巳	寅卯 辰巳
每日沖煞	**沖牛50 歲煞西**	**沖虎49 歲煞南**	**沖兔48 歲煞東**	**沖龍47 歲煞北**	**沖蛇46 歲煞西**	**沖馬45 歲煞南**	**沖羊44 歲煞東**
每日胎神占方	占門廁 外正東	碓磨爐 外東南	廚灶門 外東南	倉庫栖 外東南	占房床 外東南	占門碓 外東南	碓磨廁 外東南

15	14	13	12	11	10	9	8
日	六	五	四	三	二	一	日
廿四	廿三	廿二	廿一	二十	十九	十八	十七
癸酉	壬申	辛未	庚午	己巳	戊辰	丁卯	丙寅
宜：入殮、移柩、除靈、火葬、進金、安葬 **受死忌吉喜事惟行喪不忌**	**宜**：訂婚、動土、開市、入殮、移柩、除靈、火葬、進金、安葬 **忌**：出行、開光、入宅、安香、開刀、嫁娶	**宜**：破屋壞垣 **月破大耗最為不吉之神宜事不取**	**宜**：祈福、酬神、出行、納畜、開光、齋醮、訂婚、嫁娶、動土、安床、掛匾、入殮、除靈、破土、火葬、進金、安葬 **忌**：安門、入宅、安香	**宜**：祈福、酬神、牧養、開光、設醮、嫁娶、出火、動土、安床、安灶、入宅、安香、掛匾 **忌**：開市、入殮、除靈、火葬、進金、安葬	**宜**：祭祀、治平道塗 **是日凶星多吉星少宜事少取**	**宜**：出行、買車、牧養、訂婚、嫁娶、安床、開市、入殮、移柩、火葬、進金、安葬、 **忌**：開光、入宅、安香、動土、除靈	**宜**：出行、買車、開光、訂婚、動土、安床、入宅、洽火、開市、除靈、破土、求醫治病 **忌**：嫁娶、入殮、火葬、進金、安葬
寅辰巳午	子辰巳午	子寅卯午	丑卯辰巳	子卯巳午	寅卯辰巳	子辰巳午	子寅卯午
沖兔36 歲煞東	**沖虎37 歲煞南**	**沖牛38 歲煞西**	**沖鼠39 歲煞北**	**沖豬40 歲煞東**	**沖狗41 歲煞南**	**沖雞42 歲煞西**	**沖猴43 歲煞北**
房床門 外西南	倉庫爐 外西南	廚灶廁 外西南	占碓磨 外正南	占門床 外正南	房床栖 外正南	倉庫門 外正南	廚灶爐 外正南

日期	星期	節日節氣	農曆	干支	每日宜忌	每日吉時	每日沖煞	每日胎神占方
16	一		廿五	甲戌	宜：祈福、酬神、設醮、齋醮、作灶、入殮、除靈 忌：嫁娶、入宅、安香、開市、安床、火葬、進金、安葬	子丑卯午	沖龍35 歲煞北	門雞栖 外西南
17	二		廿六	乙亥	宜：祈福、酬神、出行、買車、牧養、納畜、設醮、訂婚、出火、安灶、入宅、安香、開市、治病 忌：開光、嫁娶、入殮、除靈、火葬、進金	子丑卯辰	沖蛇34 歲煞西	碓磨床 外西南
18	三		廿七	丙子	宜：祈福、酬神、設醮、齋醮、安床、入殮、移柩、除靈、火葬、進金、安葬 忌：嫁娶、入宅、安香、動土、開市、開刀	子丑寅卯	沖馬33 歲煞南	廚灶碓 外西南
19	四		廿八	丁丑	**季月逢丑日謂正紅紗宜事不取**	子辰巳午	沖羊32 歲煞東	倉庫廁 外正西
20	五	大寒	廿九	戊寅	宜：開光、訂婚、裁衣、嫁娶、出火、安床、入宅、洽火、開市、掛匾、入殮、移柩、除靈、火葬、進金、安葬 忌：求嗣、納畜	寅卯辰巳	沖猴31 歲煞北	房床爐 外正西
21	六	除夕	三十	己卯	宜：訂婚、裁衣、合帳、嫁娶、安床 忌：入宅、安香、開市、入殮、除靈、火葬、進金、安葬	子卯巳午	沖雞30 歲煞西	占大門 外正西
22	日		正月初一	庚辰	宜：裁衣、合帳、安床 忌：嫁娶、入殮、除靈、火葬、進金、安葬	子卯辰巳	沖狗30 歲煞南	碓磨栖 外正西

31	30	29	28	27	26	25	24	23
二	一	日	六	五	四	三	二	一
初十	初九	初八	初七	初六	初五	初四	初三	初二
己丑	戊子	丁亥	丙戌	乙酉	甲申	癸未	壬午	辛巳
季月逢丑日謂正紅紗宜事不取	**宜：**裁衣、合帳、安床、入殮、移柩、除靈、火葬、進金、安葬 **忌：**嫁娶、入宅、安香、動土、開刀	**宜：**酬神、出行、買車、開光、設醮、訂婚、出火、入宅、安香、開市、治病 **忌：**嫁娶、入殮、火葬	**宜：**祭祀、結網、取魚、捕捉、畋獵 **忌：**嫁娶、入宅、安香、開市、安床、入殮、火葬、進金、安葬	**宜：**入殮、移柩、除靈、火葬、安葬 **受死忌吉喜事惟行喪不忌**	**宜：**開光、訂婚、裁衣、合帳、嫁娶、出火、安灶、入宅、洽火、開市、掛匾、入殮、移柩、除靈、火葬、進金、安葬 **忌：**出行、買車、動土	**月破大耗最為不吉之神宜事不取**	**宜：**祈福、酬神、出行、設醮、齋醮、嫁娶、安床、入宅、安香、洽火、入殮、移柩、除靈、火葬、進金、安葬 **忌：**開光、安門、動土	**宜：**牧養、納畜、訂婚、嫁娶 **忌：**入宅、安香、開市、入殮、除靈、火葬、進金、安葬
子卯巳午	寅卯辰巳	子丑辰午	丑寅卯午	子丑辰巳	子卯巳午	寅卯辰巳	丑辰巳午	子寅卯午
沖羊21 歲煞東	**沖馬22 歲煞南**	**沖蛇23 歲煞西**	**沖龍24 歲煞北**	**沖兔25 歲煞東**	**沖虎26 歲煞南**	**沖牛27 歲煞西**	**沖鼠28 歲煞北**	**沖豬29 歲煞東**
占門廁 外正北	房床碓 外正北	倉庫床 外西北	廚灶栖 外西北	碓磨門 外西北	占門爐 外西北	房床廁 外西北	倉庫碓 外西北	廚灶床 外正西

二〇二三年國曆二月

日期	1	2	3	4	5	6	7
星期	三	四	五	六	日	一	二
節日節氣				立春	元宵節		
農曆	十一	十二	十三	十四	十五	十六	十七
干支	庚寅	辛卯	壬辰	癸巳	甲午	乙未	丙申
每日宜忌	**宜**：出行、買車、訂婚、嫁娶、開市、入殮、移柩、除靈、火葬、進金、安葬、求醫治病 **忌**：開光、入宅、安香、動土、破土	**宜**：出行、買車、開光、裁衣、合帳、嫁娶、安床、開市、入殮、移柩、火葬、進金、安葬 **忌**：入宅、安香、動土、除靈	**立春前一日謂四絕又逢平日吉喜喪事均不取**	**節前宜**：牧養、納畜、開光、訂婚、裁衣、合帳、出火、安灶、入宅、安香、掛匾 **節後宜**：作灶 **忌**：嫁娶、入殮、除靈、火葬、進金、安葬	**宜**：酬神、出行、納畜、設醮、訂婚、動土、安床、入宅、安香 **忌**：嫁娶	**宜**：祈福、酬神、訂婚、裁衣、合帳、嫁娶、出火、安床、入宅、安香、入殮、移柩、火葬、進金、安葬 **忌**：安機械	**宜**：求醫治病、破屋壞垣 **月破大耗最為不吉之神宜事不取**
每日吉時	子卯辰巳	丑寅卯午	子辰巳午	卯辰巳午	丑卯巳午	子卯辰巳	子丑卯午
每日沖煞	**沖猴20 歲煞北**	**沖雞19 歲煞西**	**沖狗18 歲煞南**	**沖豬17 歲煞東**	**沖鼠16 歲煞北**	**沖牛15 歲煞西**	**沖虎14 歲煞南**
每日胎神占方	碓磨爐外正北	廚灶門外正北	倉庫栖外正北	占房床房內北	占門碓房內北	碓磨廁房內北	廚灶爐房內北

15	14	13	12	11	10	9	8
三	二	一	日	六	五	四	三
	西洋情人節						
廿五	廿四	廿三	廿二	廿一	二十	十九	十八
甲辰	癸卯	壬寅	辛丑	庚子	己亥	戊戌	丁酉
宜：牧養、裁衣、安床 **忌：**嫁娶、入宅、安香、入殮、除靈、火葬、進金、安葬	**宜：**酬神、出行、開光、設齋醮、訂婚、嫁娶、動土、安床、入宅、安香、開市、掛匾、入殮、除靈、火葬、進金、安葬 **忌：**治病	**宜：**牧養、納畜、裁衣、合帳、安床、入殮、移柩、除靈、火葬、進金、安葬 **忌：**嫁娶、入宅、安香、出行、開光、開市	**宜：**祈福、酬神、入殮、移柩、除靈、火葬、進金、安葬 **忌：**嫁娶、入宅、安香、動土、安門	**宜：**祈福、酬神、出行、設醮、齋醮、嫁娶、除靈 **忌：**開光、安床、入宅、安香、入殮、火葬、進金、安葬	**宜：**祈福、酬神、訂婚、裁衣、合帳、安床 **忌：**嫁娶、入宅、安香、入殮、除靈、火葬、進金、安葬	**宜：**入殮、移柩、除靈、破土、火葬、安葬 **受死忌吉喜事惟行喪不忌**	**宜：**酬神、出行、買車、納畜、開光、齋醮、訂婚、嫁娶、動土、入宅、安香、洽火、入殮、除靈、破土、火葬、進金、安葬 **忌：**開市、安床
子卯巳午	卯辰巳午	子辰巳午	丑寅卯午	子卯辰巳	乙寅卯午	寅卯巳午	子辰巳午
沖狗 6 **歲煞南**	**沖雞** 7 **歲煞西**	**沖猴** 8 **歲煞北**	**沖羊** 9 **歲煞東**	**沖馬** 10 **歲煞南**	**沖蛇** 11 **歲煞西**	**沖龍** 12 **歲煞北**	**沖兔** 13 **歲煞東**
門雞栖 房內東	房床門 房內南	倉庫爐 房內南	廚灶廁 房內南	占碓磨 房內南	占門床 房內南	房床栖 房內南	倉庫門 房內北

日期	16	17	18	19	20	21
星期	四	五	六	日	一	二
節日節氣				雨水		
農曆	廿六	廿七	廿八	廿九	二月初一	初二
干支	乙巳	丙午	丁未	戊申	己酉	庚戌
每日宜忌	宜：作灶、平治塗道 **忌：**嫁娶、入宅、安香、入殮、除靈、火葬、進金、安葬	宜：酬神、出行、買車、納畜、齋醮、訂婚、嫁娶、動土、安床、入宅、安香、開市、掛匾、入殮、除靈、破土、火葬、進金、安葬 **忌：**開光	宜：酬神、出行、牧養、納畜、訂婚、裁衣、合帳、嫁娶、出火、動土、安床、入宅、安香、入殮、移柩、破土、火葬、進金、安葬 **忌：**除靈	宜：破屋壞垣 **月破大耗最為不吉之神宜事不取**	宜：酬神、出行、開光、齋醮、動土、入宅、安香、洽火、開市、掛匾、入殮、移柩、除靈、破土、火葬、進金、安葬 **忌：**嫁娶、安床	宜：入殮、移柩、除靈、破土、火葬、安葬 **受死忌吉喜事惟行喪不忌**
每日吉時	子卯辰巳	丑寅卯午	子辰巳午	卯辰巳午	子寅巳午	子丑卯巳
每日沖煞	**沖豬5 歲煞東**	**沖鼠4 歲煞北**	**沖牛3 歲煞西**	**沖虎2 歲煞南**	**沖兔1 歲煞東**	**沖龍60 歲煞北**
每日胎神占方	碓磨床 房內東	廚灶碓 房內東	倉庫廁 房內東	房床爐 房內東	占大門 外東北	碓磨栖 外東北

日期	星期	節日	農曆	干支	宜忌	吉時	沖煞	胎神
22	三		初三	辛亥	宜：祈福、酬神、開光、訂婚、合帳、動土、安床、安灶、入宅、安香 忌：嫁娶、開市、入殮、除靈、火葬、進金、安葬	丑寅卯午	沖蛇59 歲煞西	廚灶床 外東北
23	四		初四	壬子	宜：酬神、開光、齋醮、訂婚、嫁娶、動土、除靈、破土、求醫治病 忌：入宅、安香、安床、開市、入殮、火葬、進金、安葬	子丑辰巳	沖馬58 歲煞南	倉庫碓 外東北
24	五		初五	癸丑	宜：裁衣、合帳、安床、安灶、入殮、移柩、除靈、火葬、進金、安葬 忌：嫁娶、入宅、安香、開刀、動土	寅卯巳午	沖羊57 歲煞東	房床廁 外東北
25	六		初六	甲寅	宜：裁衣、合帳 忌：嫁娶、入宅、安香、開光、入殮、除靈、火葬、進金、安葬	子寅卯午	沖猴56 歲煞北	占門爐 外東北
26	日		初七	乙卯	宜：酬神、出行、齋醮、訂婚、動土、安床、入宅、安香、洽火、開市、入殮、除靈、破土、火葬、進金、安葬、求醫治病 忌：嫁娶、開光	子丑卯巳	沖雞55 歲煞西	碓磨門 外正東
27	一		初八	丙辰	宜：出行、開光、訂婚、嫁娶、安床、掛匾 忌：動土、開市、入殮、除靈、火葬、進金、安葬	子寅卯午	沖狗54 歲煞南	廚灶栖 外正東
28	二	和平紀念日	初九	丁巳	宜：平治塗道、修飾垣墻 忌：嫁娶、入殮、除靈、火葬、進金、安葬	子辰巳午	沖豬53 歲煞東	倉庫床 外正東

二〇二三年國曆三月

日期	星期	節日節氣	農曆	干支	每日宜忌	每日吉時	每日沖煞	每日胎神占方
1	三		初十	戊午	**宜：**祈福、酬神、出行、買車、牧養、訂婚、嫁娶、出火、安床、入宅、安香、洽爐、開市、入殮、移柩、除靈、火葬、進金、安葬 **忌：**開光、動土	寅卯辰巳	**沖鼠 52 歲煞北**	房床碓 外正東
2	四		十一	己未	**宜：**牧養、納畜、訂婚、嫁娶、動土、入殮、移柩、破土、火葬、進金、安葬 **忌：**開市、入宅、安香、除靈、安門	子卯巳午	**沖牛 51 歲煞西**	占門廁 外正東
3	五		十二	庚申	**宜：**求醫治病、破屋壞垣 **月破大耗最為不吉之神宜事不取**	子卯辰巳	**沖虎 50 歲煞南**	碓磨爐 外東南
4	六		十三	辛酉	**宜：**入殮、移柩、除靈、破土、火葬、進金、安葬 **正四廢忌吉喜事惟行喪不忌**	子丑寅午	**沖兔 49 歲煞東**	廚灶門 外東南
5	日		十四	壬戌	**宜：**入殮、移柩、除靈、破土、火葬、安葬 **受死忌吉喜事惟行喪不忌**	子丑巳午	**沖龍 48 歲煞北**	倉庫栖 外東南
6	一	驚蟄	十五	癸亥	**節前宜：**作灶 **節後宜：**訂婚、出火、動土、安床、安灶、入宅、安香、開市 **忌：**入殮、火葬	寅卯辰午	**沖蛇 47 歲煞西**	占房床 外東南
7	二		十六	甲子	**宜：**嫁娶、剃頭、祭祀、進人口 **忌：**入宅、安香、入殮、除靈、火葬、進金、安葬	子丑卯巳	**沖馬 46 歲煞南**	占門碓 外東南

8	9	10	11	12	13	14	15
三	四	五	六	日	一	二	三
十七	十八	十九	二十	廿一	廿二	廿三	廿四
乙丑	丙寅	丁卯	戊辰	己巳	庚午	辛未	壬申
宜：祈福、酬神、出行、設醮、訂婚、出火、動土、安床、安灶、入宅、安香、求醫治病 **忌：**開市、嫁娶、納畜、入殮、除靈、火葬、進金、安葬	**宜：**牧養、納畜、訂婚、裁衣、合帳、動土、安床、入殮、移柩、除靈、破土、火葬、進金、安葬 **忌：**開光、入宅、安香、嫁娶、開刀	**宜：**祈福、酬神、出行、開光、訂婚、嫁娶、安床、入宅、安香、洽爐、入殮、移柩、除靈、火葬、進金、安葬、求醫治病 **忌：**開市、動土、破土	**受死又逢三喪吉喜喪事均不取**	**宜：**牧養、納畜、開光、裁衣、合帳、安床、安灶、開市 **忌：**入宅、安香、嫁娶、入殮、火葬、進金	**宜：**嫁娶、入殮、除靈 **忌：**開光、開市、入宅、安香、火葬、進金、安葬	**宜：**酬神、納畜、設醮、齋醮、訂婚、出火、動土、安床、安灶、入宅、安香、洽爐、開市、入殮、除靈、破土、火葬、進金、安葬 **忌：**開光、嫁娶	**宜：**酬神、開光、齋醮、訂婚、裁衣、合帳、嫁娶、出火、動土、入宅、安香、洽爐、掛匾、入殮、除靈、破土、火葬、進金、安葬 **忌：**開市、安床
寅卯辰巳	子寅卯午	子辰巳午	寅卯辰巳	子卯巳午	丑卯辰巳	子寅卯午	子辰巳午
沖羊45 歲煞東	**沖猴44 歲煞北**	**沖雞43 歲煞西**	**沖狗42 歲煞南**	**沖豬41 歲煞東**	**沖鼠40 歲煞北**	**沖牛39 歲煞西**	**沖虎38 歲煞南**
碓磨廁 外東南	廚灶爐 外正南	倉庫門 外正南	房床栖 外正南	占門床 外正南	占碓磨 外正南	廚灶廁 外西南	倉庫爐 外西南

日期	星期	節日節氣	農曆	干支	每日宜忌	每日吉時	每日沖煞	每日胎神占方
16	四		廿五	癸酉	宜：求醫治病、破屋壞垣 **月破大耗最為不吉之神宜事刪刊**	寅辰巳午	**沖兔37 歲煞東**	房床門 外西南
17	五		廿六	甲戌	**宜：**酬神、出行、買車、納畜、設醮、訂婚、嫁娶、出火、動土、安床、安灶、入宅、安香、開市、入殮、破土、火葬、進金、安葬 **忌：**開光、除靈	子丑卯午	**沖龍36 歲煞北**	門雞栖 外西南
18	六		廿七	乙亥	**宜：**祈福、酬神、出行、買車、開光、訂婚、出火、動土、安床、安灶、掛匾、求醫治病 **忌：**嫁娶、開市、入殮、除靈、火葬、進金、安葬	子丑卯辰	**沖蛇35 歲煞西**	碓磨床 外西南
19	日		廿八	丙子	**宜：**裁衣、合帳、安床、納財、栽種 **忌：**嫁娶、入宅、安香、入殮、除靈、火葬、進金、安葬	子丑寅卯	**沖馬34 歲煞南**	廚灶碓 外西南
20	一		廿九	丁丑	**宜：**除靈、破土、求醫治病 **四離忌吉喜事逢開安葬亦不取**	子辰巳午	**沖羊33 歲煞東**	倉庫廁 外正西
21	二	春分	三十	戊寅	**宜：**牧養、納畜、裁衣、合帳、動土、安灶、入殮、移柩、除靈、破土、火葬、進金、安葬 **忌：**開光、入宅、安香、嫁娶、開市、安機械	寅卯辰巳	**沖猴32 歲煞北**	房床爐 外正西
22	三		初一	己卯	**宜：**出行、安床、入殮、除靈 **忌：**開光、嫁娶、動土、破土	子卯巳午	**沖雞31 歲煞西**	占大門 外正西
23	四		初二	庚辰	**受死逢三喪日吉喜喪事均不取**	子卯辰巳	**沖狗30 歲煞南**	碓磨栖 外正西

31	30	29	28	27	26	25	24
五	四	三	二	一	日	六	五
初十	初九	初八	初七	初六	初五	初四	初三
戊子	丁亥	丙戌	乙酉	甲申	癸未	壬午	辛巳
宜：嫁娶、剃頭、進人口、祭祀、捕捉、栽種 **忌：**開市、安門、入宅、安香、入殮、火葬、進金、安葬	**宜：**出行、買車、訂婚、出火、動土、安床、入宅、安香、開市、掛匾、求醫治病 **忌：**嫁娶、開光、上樑、入殮、除靈、火葬、進金、安葬	**宜：**出行、買車、訂婚、裁衣、合帳、嫁娶、安床、開市、入殮、破土 **忌：**入宅、安香、除靈、火葬、進金、安葬	**宜：**破屋壞垣 **月破大耗最為不吉之神宜事不取**	**宜：**祈福、酬神、出行、開光、齋醮、裁衣、嫁娶、出火、動土、入宅、安香、洽爐、入殮、除靈、破土、火葬、進金、安葬、求醫治病 **忌：**安床	**宜：**祈福、酬神、開光、訂婚、裁衣、合帳、嫁娶、安床、安灶、開市、入殮、移柩、除靈、火葬、進金、安葬 **忌：**出行、入宅、安香、開刀	**宜：**嫁娶 **忌：**開市、入宅、安香、入殮、除靈、火葬、進金	**宜：**裁衣、合帳、安床、安灶 **忌：**嫁娶、入宅、安香、開光、入殮、除靈、火葬、進金
寅卯辰巳	子丑辰午	丑寅卯午	子丑辰巳	子卯巳午	寅卯辰巳	丑辰巳午	子寅卯午
沖馬22 歲煞南	**沖蛇23 歲煞西**	**沖龍24 歲煞北**	**沖兔25 歲煞東**	**沖虎26 歲煞南**	**沖牛27 歲煞西**	**沖鼠28 歲煞北**	**沖豬29 歲煞東**
房床碓 外正北	倉庫床 外西北	廚灶棲 外西北	碓磨門 外西北	占門爐 外西北	房床廁 外西北	倉庫碓 外西北	廚灶床 外正西

二〇二三年國曆四月

日期	1	2	3	4	5	6	7
星期	六	日	一	二	三	四	五
節日節氣				兒童節	清明節		
農曆	十一	十二	十三	十四	十五	十六	十七
干支	己丑	庚寅	辛卯	壬辰	癸巳	甲午	乙未
每日宜忌	**宜**：祈福、酬神、出行、牧養、納畜、齋醮、訂婚、裁衣、嫁娶、動土、安床、安灶、掛匾、除靈、破土、求醫治病 **忌**：開光、入宅、安香、開市	**宜**：訂婚、裁衣、合帳、動土、安床、安灶、入殮、移柩、除靈、破土、火葬、進金、安葬 **忌**：開刀、入宅、安香、嫁娶、牧養、納畜	**宜**：出行、買車、嫁娶、入殮、移柩、除靈、火葬、進金、安葬 **忌**：動土、破土、入宅、安香、上官赴任	**受死逢重喪日吉喜喪事均不取**	**節前**宜：裁衣、合帳、安床、安灶 **節後**宜：牧養、納畜、出火、動土、安床、入宅、安香 **忌**：開市、嫁娶、火葬	**宜**：嫁娶、安床、開市、入殮、移柩、除靈、火葬、進金、安葬 **忌**：入宅、安香、動土、破土	**宜**：作灶、入殮、除靈 **忌**：開光、安床、嫁娶、火葬、進金、安葬
每日吉時	子卯巳午	子卯辰巳	丑寅卯午	子辰巳午	卯辰巳午	丑卯巳午	子卯辰巳
每日沖煞	沖羊21 歲煞東	沖猴20 歲煞北	沖雞19 歲煞西	沖狗18 歲煞南	沖豬17 歲煞東	沖鼠16 歲煞北	沖牛15 歲煞西
每日胎神占方	占門廁 外正北	碓磨爐 外正北	廚灶門 外正北	倉庫栖 外正北	占房床 房內北	占門碓 房內北	碓磨廁 房內北

8	9	10	11	12	13	14	15
六	日	一	二	三	四	五	六
十八	十九	二十	廿一	廿二	廿三	廿四	廿五
丙申	丁酉	戊戌	己亥	庚子	辛丑	壬寅	癸卯
宜：祈福、酬神、牧養、納畜、開光、設醮、齋醮、裁衣、動土、入殮、移柩、除靈、破土、火葬、進金、安葬 **忌：**開市、入宅、安香、嫁娶	**宜：**祈福、酬神、出行、齋醮、訂婚、嫁娶、出火、安床、入宅、安香、洽爐、掛匾、入殮、移柩、除靈、火葬、進金、安葬、求醫治病 **忌：**開光	**宜：**求醫治病、破屋壞垣 **月破大耗最為不吉之神宜事不取**	**受死逢重日吉喜喪事均不取**	**宜：**祈福、酬神、開光、齋醮、訂婚、裁衣、合帳、動土、開市、入殮、移柩、安床、除靈、火葬、進金、安葬、求醫治病 **忌：**入宅、安香、嫁娶	**季月逢丑日謂正紅紗宜事不取**	**宜：**出行、買車、牧養、納畜、開光、裁衣、嫁娶、出火、動土、安床、入宅、開市、除靈、破土、求醫治病 **忌：**開刀、上官赴任、造船橋	**宜：**出行、買車、裁衣、合帳、安床、作灶、入殮、移柩、除靈、破土、火葬、進金、安葬 **忌：**安門、開刀、嫁娶、入宅、安香
子丑卯午	子辰巳午	寅卯巳午	子寅卯午	子卯辰巳	丑寅卯午	子辰巳午	寅卯巳午
沖虎14 歲煞南	**沖兔13 歲煞東**	**沖龍12 歲煞北**	**沖蛇11 歲煞西**	**沖馬10 歲煞南**	**沖羊9 歲煞東**	**沖猴8 歲煞北**	**沖雞7 歲煞西**
廚灶爐 房內北	倉庫門 房內北	房床栖 房內南	占門床 房內南	占碓磨 房內南	廚灶廁 房內南	倉庫爐 房內南	房床門 房內南

日期	星期	節日節氣	農曆	干支	每日宜忌	每日吉時	每日沖煞	每日胎神占方
16	日		廿六	甲辰	宜：出行 **忌：**開市、動土、嫁娶、除靈、入殮、火葬	子卯巳午	**沖狗6 歲煞南**	門雞棲 房內東
17	一		廿七	乙巳	宜：祈福、酬神、設醮、訂婚、嫁娶、入宅、安香、求醫治病 **忌：**開光、出行、買車、開市、入殮、除靈、火葬、進金	子卯辰巳	**沖豬5 歲煞東**	碓磨床 房內東
18	二		廿八	丙午	宜：出行、買車、牧養、納畜、開光、訂婚、嫁娶、安床、開市、入殮、移柩、除靈、火葬、進金、安葬 **忌：**酬神、入宅、安香、蓋屋、合脊	丑寅卯午	**沖鼠4 歲煞北**	廚灶碓 房內東
19	三		廿九	丁未	宜：入殮、除靈、火葬、進金、安葬 **忌：**入宅、安香、嫁娶、安床、動土	子辰巳午	**沖牛3 歲煞西**	倉庫廁 房內東
20	四	穀雨	三月 初一	戊申	**日全食：午時12點16分台灣可見宜事不取**	卯辰巳午	**沖虎2 歲煞南**	房床爐 房內東
21	五		初二	己酉	宜：酬神、納畜、開光、設醮、齋醮、裁衣、出火、安灶、入宅、安香、洽爐、入殮、除靈、火葬、進金、安葬、求醫治病 **忌：**嫁娶、開市	子寅巳午	**沖兔1 歲煞東**	占大門 外東北
22	六		初三	庚戌	宜：求醫治病 **月破大耗最為不吉之神宜事不取**	子丑卯巳	**沖龍60 歲煞北**	碓磨棲 外東北

日期	星期	農曆	干支	宜忌	時辰	沖煞	胎神
23	日	初四	辛亥	**受死逢重日吉喜喪事均不取**	子丑辰巳	**沖蛇59 歲煞西**	廚灶門外東北
24	一	初五	壬子	**宜**：祈福、酬神、開光、訂婚、裁衣、合帳、安床、入殮、移柩、除靈、火葬、進金、安葬、求醫治病 **忌**：入宅、安香、嫁娶、出行、買車	子辰巳午	**沖馬58 歲煞南**	倉庫碓外東北
25	二	初六	癸丑	**季月逢丑日謂正紅紗宜事不取**	寅卯巳午	**沖羊57 歲煞東**	房床廁外東北
26	三	初七	甲寅	**宜**：出行、買車、訂婚、安床、安灶、除靈、求醫治病 **忌**：牧養、納畜、嫁娶、開光、入宅、安香、上樑	子寅卯午	**沖猴56 歲煞北**	占門爐外東北
27	四	初八	乙卯	**宜**：祈福、酬神、齋醮、裁衣、合帳、嫁娶、安床、安灶、入殮、移柩、除靈、火葬、進金、安葬 **忌**：安門、開刀、造船橋、牧養、納畜	子丑卯巳	**沖雞55 歲煞西**	碓磨門外正東
28	五	初九	丙辰	**宜**：出行、交車、祭祀 **忌**：開市、入宅、安香、酬神、入殮、除靈、火葬、進金、安葬	子寅卯午	**沖狗54 歲煞南**	廚灶棲外正東
29	六	初十	丁巳	**宜**：牧養、納畜、開光、訂婚、嫁娶、求醫治病 **忌**：入宅、安香、開市、入殮、除靈、火葬、進金、安葬	子辰巳午	**沖豬53 歲煞東**	倉庫門外正東
30	日	十一	戊午	**宜**：出行、買車、嫁娶、安床、開市 **忌**：入宅、安香、開光、動土、入殮、火葬、進金	寅卯辰巳	**沖鼠52 歲煞北**	房床碓外正東

二〇二三年國曆五月

日期	星期	節日節氣	農曆	干支	每日宜忌	每日吉時	每日沖煞	每日胎神占方
1	一	勞動節	十二	己未	宜：作灶、入殮、除靈 忌：嫁娶、入宅、安香、安機械、安床、火葬	子卯巳午	沖牛51 歲煞西	占門廁 外正東
2	二		十三	庚申	宜：入殮、移柩、除靈、火葬、進金、安葬 忌：入宅、安香、嫁娶、安床、上官赴任、入學	丑卯辰巳	沖虎50 歲煞南	碓磨爐 外東南
3	三		十四	辛酉	宜：入殮、移柩、除靈、火葬、進金、安葬 忌：出行、買車、入宅、安香、嫁娶、造船橋	子丑寅午	沖兔49 歲煞東	廚灶門 外東南
4	四		十五	壬戌	**月破大耗最為不吉之神宜事不取**	子丑巳午	沖龍48 歲煞北	倉庫栖 外東南
5	五		十六	癸亥	**受死逢重日吉喜喪事均不取**	寅卯辰午	沖蛇47 歲煞西	占房床 外東南
6	六	立夏	十七	甲子	**月半影食：丑時01點23分台灣可見宜事不取**	子丑卯巳	沖馬46 歲煞南	占門碓 外東南
7	日		十八	乙丑	宜：祈福、酬神、開光、齋醮、訂婚、動土、入殮、移柩、除靈、破土、火葬、進金、安葬、治病 忌：開市、入宅、安香、嫁娶	寅卯辰巳	沖羊45 歲煞東	碓磨廁 外東南

日期	星期	節日	農曆	干支	宜忌	吉時	沖煞	胎神
8	一		十九	丙寅	**宜**：出行、訂婚、裁衣、嫁娶、安床、入宅 **忌**：開市、動土、安香、入殮、除靈、火葬、進金、安葬	子寅卯午	**沖猴44 歲煞北**	廚灶爐 外正南
9	二		二十	丁卯	**宜**：祈福、酬神、出行、買車、開光、設醮、齋醮、訂婚、裁衣、嫁娶、動土、安床、開市、除靈、破土、求醫治病 **忌**：入宅、安香、開刀	子辰巳午	**沖雞43 歲煞西**	倉庫門 外正南
10	三		廿一	戊辰	**宜**：出行、買車、裁衣、合帳、嫁娶、出火、動土、安床、安灶、入宅、安香、洽爐、入殮、移柩、除靈、破土、火葬、進金、安葬 **忌**：安機械	寅卯辰巳	**沖狗42 歲煞南**	房床栖 外正南
11	四		廿二	己巳	**受死逢重日吉喜喪事均不取**	子卯巳午	**沖豬41 歲煞東**	占門床 外正南
12	五		廿三	庚午	**宜**：祈福、酬神、齋醮、訂婚、動土、掛匾、入殮、移柩、除靈、火葬、進金、安葬 **忌**：開光、嫁娶、買車	丑卯辰巳	**沖鼠40 歲煞北**	占碓磨 外正南
13	六		廿四	辛未	**宜**：開光、訂婚、裁衣、合帳、安床、作灶、安葬 **忌**：開市、動土、入宅、安香、嫁娶、入殮、除靈、火葬、進金、	子寅卯午	**沖牛39 歲煞西**	廚灶廁 外西南
14	日	母親節	廿五	壬申	**宜**：入殮、移柩、除靈、破土、火葬、進金、安葬 **忌**：開光、嫁娶、入宅、安香、開刀、安床	子辰巳午	**沖虎38 歲煞南**	倉庫爐 外西南
15	一		廿六	癸酉	**宜**：酬神、出行、開光、設齋醮、訂婚、嫁娶、動土、入宅、安香、洽爐、掛匾、入殮、除靈、火葬、進金、安葬 **忌**：開市	寅辰巳午	**沖兔37 歲煞東**	房床門 外西南

日期	星期	節日節氣	農曆	干支	每日宜忌	每日吉時	每日沖煞	每日胎神占方
16	二		廿七	甲戌	宜：祈福、酬神、出行、齋醮、訂婚、嫁娶、動土、入殮、移柩、除靈、破土、火葬、進金、安葬、求醫治病 **忌：**入宅、安香、開光、入學	子丑卯午	**沖龍36 歲煞北**	門雞栖 外西南
17	三		廿八	乙亥	宜：破屋壞垣 **月破大耗最為不吉之神宜事不取**	子丑卯辰	**沖蛇35 歲煞西**	碓磨床 外西南
18	四		廿九	丙子	宜：祈福、酬神、出行、買車、牧養、納畜、開光、設醮、裁衣、合帳、嫁娶、出火、動土、安床、入宅、安香、開市、掛匾 **忌：入殮、除靈、火葬**	子丑寅卯	**沖馬34 歲煞南**	廚灶碓 外西南
19	五		初一 四月	丁丑	宜：祈福、酬神、牧養、納畜、開光、齋醮、訂婚、動土、安床、開市、掛匾、入殮、移柩、除靈、破土、火葬、進金、安葬 **忌：入宅、安香、嫁娶**	子辰巳午	**沖羊33 歲煞東**	倉庫廁 外正西
20	六		初二	戊寅	宜：入殮 **忌：開光、動土、開市、嫁娶、入宅、安香、火葬、進金**	寅卯辰巳	**沖猴32 歲煞北**	房床爐 外正西
21	日	小滿	初三	己卯	宜：祈福、酬神、出行、買車、開光、齋醮、訂婚、裁衣、嫁娶、安床、除靈、求醫治病 **忌：入宅、安香、開市、納畜、開刀**	子卯巳午	**沖雞31 歲煞西**	占大門 外正西
22	一		初四	庚辰	宜：酬神、出行、買車、齋醮、裁衣、嫁娶、出火、動土、安床、作灶、入宅、安香、洽爐、入殮、除靈、破土、火葬、進金、安葬 **忌：**開刀、入學	子卯辰巳	**沖狗30 歲煞南**	碓磨栖 外正西
23	二		初五	辛巳	**受死逢重日吉喜喪事均不取**	子寅卯午	**沖豬29 歲煞東**	廚灶床 外正西

31	30	29	28	27	26	25	24
三	二	一	日	六	五	四	三
十三	十二	十一	初十	初九	初八	初七	初六
己丑	戊子	丁亥	丙戌	乙酉	甲申	癸未	壬午
宜：祈福、酬神、納畜、開光、齋醮、訂婚、動土、安床、安灶、開市、入殮、除靈、破土、火葬、進金、安葬、求醫治病 **忌：**入宅、安香、嫁娶	**宜：**酬神、出行、納畜、開光、設醮、訂婚、嫁娶、動土、安床、安灶、入宅、安香、開市、掛匾、入殮、除靈、火葬、進金、安葬 **忌：**上官入學	**宜：**破屋壞垣 **月破大耗最為不吉之神宜事不取**	**宜：**祈福、酬神、設醮、訂婚、裁衣、合帳、嫁娶、出火、動土、安床、入宅、安香 **忌：**開光、安門、入殮、除靈、火葬、進金、安葬	**宜：**祈福、酬神、出行、訂婚、出火、動土、安床、作灶、入宅、安香、洽爐、掛匾、入殮、移柩、除靈、破土、火葬、進金、安葬 **忌：**嫁娶、習藝	**宜：**裁衣、合帳、嫁娶、入殮、移柩、除靈、破土、火葬、進金、安葬 **忌：**酬神、安床、開刀、造船橋、安機械	**是日凶星多吉星少宜事刪刊**	**宜：**酬神、出行、買車、納畜、齋醮、嫁娶、出火、動土、入宅、安香、洽爐、掛匾、入殮、除靈、破土、火葬、進金、安葬 **忌：**開光、安床、開市
子卯巳午	寅卯辰巳	子丑辰午	丑寅卯午	子丑辰巳	子卯巳午	寅卯辰巳	丑辰巳午
沖羊21 歲煞東	**沖馬22 歲煞南**	**沖蛇23 歲煞西**	**沖龍24 歲煞北**	**沖兔25 歲煞東**	**沖虎26 歲煞南**	**沖牛27 歲煞西**	**沖鼠28 歲煞北**
占門廁 外正北	房床碓 外正北	倉庫床 外西北	廚灶栖 外西北	碓磨門 外西北	占門爐 外西北	房床廁 外西北	倉庫碓 外西北

二〇二三年國曆六月

日期	星期	節日節氣	農曆	干支	每日宜忌	每日吉時	每日沖煞	每日胎神占方
1	四		十四	庚寅	宜：訂婚、裁衣、合帳、嫁娶、安床、作灶、入宅 忌：開光、出行、買車、動土、開市、入殮、除靈、火葬、進金、安葬	子卯辰巳	沖猴20 歲煞北	碓磨爐 外正北
2	五		十五	辛卯	宜：祈福、酬神、出行、買車、齋醮、裁衣、動土、安灶、開市、除靈、破土 忌：入宅、安香、嫁娶、開刀、開光	丑寅卯午	沖雞19 歲煞西	廚灶門 外正北
3	六		十六	壬辰	宜：嫁娶、立券、交易、開廁 忌：開刀、入宅、安香、入殮、除靈、火葬、進金、安葬	子辰巳午	沖狗18 歲煞南	倉庫栖 外正北
4	日		十七	癸巳	**受死逢重日吉喜喪事均不取**	辰卯巳午	沖豬17 歲煞東	占房床 房內北
5	一		十八	甲午	宜：祈福、出行、買車、齋醮、訂婚、嫁娶、動土、入宅、安香、洽爐、開市、掛匾、入殮、除靈、火葬、進金、安葬 忌：開光、安床	丑卯巳午	沖鼠16 歲煞北	占門碓 房內北
6	二	芒種	十九	乙未	節前宜：開光、訂婚、嫁娶、安床 節後宜：酬神、出行、開光、設醮、訂婚、嫁娶、安床、入宅、安香 忌：行喪之事	子卯辰巳	沖牛15 歲煞西	碓磨廁 房內北
7	三		二十	丙申	宜：出行、買車、牧養、納畜、開光、訂婚、裁衣、嫁娶、出火、入宅、洽爐、開市、入殮、移柩、除靈、火葬、進金、安葬 忌：酬神、安床、動土	子丑卯午	沖虎14 歲煞南	廚灶爐 房內北

日	星期		農曆	干支	宜忌	吉時	沖煞	胎神
8	四		廿一	丁酉	宜：嫁娶、祭祀 忌：入宅、安香、入殮、除靈、火葬、進金、安葬	子辰卯午	沖兔13 歲煞東	倉庫門 房內北
9	五		廿二	戊戌	宜：祈福、酬神、出行、買車、納畜、訂婚、嫁娶、出火、動土、安床、入宅、安香、洽爐、入殮、除靈、破土、火葬、進金、安葬 忌：開光、開市	寅卯巳午	沖龍12 歲煞北	房床栖 房內南
10	六		廿三	己亥	宜：祈福、酬神、牧養、納畜、訂婚、裁衣、合帳、出火、動土、安床、入宅、安香、求醫治病 忌：開光、嫁娶、入殮、除靈、火葬、進金	子寅卯午	沖蛇11 歲煞西	占門床 房內南
11	日		廿四	庚子	**月破大耗最為不吉之神宜事不取** **真滅事宜不取**	子卯辰巳	沖馬10 歲煞南	占碓磨 房內南
12	一		廿五	辛丑	宜：祈福、酬神、開光、齋醮、動土、入殮、移柩、除靈、破土、火葬、進金、安葬 忌：嫁娶、入宅、安香、開市	丑寅卯午	沖羊9 歲煞東	廚灶廁 房內南
13	二		廿六	壬寅	宜：裁衣、合帳、動土、安床、開市、掛匾、入殮、移柩、除靈、破土、火葬、進金、安葬、求醫治病 忌：入宅、安香、嫁娶	子辰巳午	沖猴8 歲煞北	倉庫爐 房內南
14	三		廿七	癸卯	宜：作灶、入殮、除靈 忌：入宅、安香、嫁娶、開市、開刀、火葬、進金、安葬	辰卯巳午	沖雞7 歲煞西	房床門 房內南
15	四		廿八	甲辰	宜：祈福、酬神、出行、開光、齋醮、訂婚、裁衣、嫁娶、安床、安灶、求醫治病 忌：入宅、安香、入殮、除靈、火葬、進金、安葬	子卯巳午	沖狗6 歲煞南	門雞栖 房內東

日期	16	17	18	19	20	21	22
星期	五	六	日	一	二	三	四
節日節氣						夏至	端午節
農曆	廿九	三十	五月初一	初二	初三	初四	初五
干支	乙巳	丙午	丁未	戊申	己酉	庚戌	辛亥
每日宜忌	**宜：**裁衣、合帳、嫁娶、動土、安灶、入宅 **忌：**安床、開刀、入殮、除靈、火葬、進金、安葬	**宜：**入殮、移柩、火葬、進金、安葬 **忌：**開光、動土、開市、入宅、安香、嫁娶、除靈	**宜：**祈福、酬神、出行、買車、納畜、開光、訂婚、出火、動土、安床、入宅、安香、開市、掛匾 **忌：**嫁娶、入殮、除靈、火葬	**宜：**牧養、納畜、裁衣、合帳、出火、入宅、洽爐、入殮、移柩、除靈、火葬、進金、安葬、求醫治病 **忌：**嫁娶、開光、動土、酬神	**四離忌吉喜事逢平日死神行喪亦忌**	**宜：**祈福、酬神、牧養、納畜、開光、齋醮、裁衣、合帳、動土、掛匾、入殮、移柩、除靈、破土、火葬、進金、安葬 **忌：**入宅、安香、嫁娶	**宜：**祈福、酬神、開光、設醮、訂婚、合帳、安床、掛匾 **忌：**出行、買車、嫁娶、入宅、安香、入殮、除靈、火葬
每日吉時	子卯辰巳	丑寅卯午	子辰巳午	卯辰巳午	子寅巳午	子丑卯巳	丑寅卯午
每日沖煞	**沖豬5 歲煞東**	**沖鼠4 歲煞北**	**沖牛3 歲煞西**	**沖虎2 歲煞南**	**沖兔1 歲煞東**	**沖龍60 歲煞北**	**沖蛇59 歲煞西**
每日胎神占方	碓磨床 房內東	廚灶碓 房內東	倉庫廁 房內東	房床爐 房內東	占大門 外東北	碓磨栖 外東北	廚灶床 外東北

23	24	25	26	27	28	29	30
五	六	日	一	二	三	四	五
初六	初七	初八	初九	初十	十一	十二	十三
子壬	丑癸	寅甲	卯乙	辰丙	巳丁	午戊	未己
宜：破屋壞垣 **月破大耗最為不吉之神宜事不取**	**宜：**動土、安床、開市、入殮、移柩、除靈、破土、火葬、進金、安葬 **忌：**嫁娶、開光、安門、入宅、安香	**宜：**開光、訂婚、裁衣、合帳、動土、安床、安灶、開市、入殮、移柩、除靈、破土、火葬、進金、安葬、求醫治病 **忌：**嫁娶、入宅、安香、開刀	**宜：**作灶、入殮、除靈 **忌：**開市、嫁娶、入宅、安香、開刀、火葬、進金、安葬	**宜：**酬神、出行、納畜、設醮、齋醮、訂婚、裁衣、嫁娶、出火、動土、安床、入宅、安香、洽爐、掛匾、除靈、破土、求醫治病 **忌：**入殮、火葬	**宜：**牧養、納畜、裁衣、合帳、嫁娶、動土、入宅 **忌：**開市、安床、開刀、安門、入殮、除靈、火葬、進金、安葬	**是日凶星多吉星少宜事不取**	**宜：**祈福、酬神、出行、買車、牧養、納畜、開光、訂婚、嫁娶、出火、動土、安床、入宅、安香、開市 **忌：**入殮、除靈、火葬
子丑辰巳	寅卯巳午	子寅卯午	子丑卯巳	子寅卯午	子辰巳午	寅卯辰巳	子卯巳午
沖馬58 歲煞南	**沖羊57 歲煞東**	**沖猴56 歲煞北**	**沖雞55 歲煞西**	**沖狗54 歲煞南**	**沖豬53 歲煞東**	**沖鼠52 歲煞北**	**沖牛51 歲煞西**
倉庫碓 外東北	房床廁 外東北	占門爐 外東北	碓磨門 外正東	廚灶栖 外正東	倉庫床 外正東	房床碓 外正東	占門廁 外正東

二〇二三年國曆七月

日期	星期	節日節氣	農曆	干支	每日宜忌	每日吉時	每日沖煞	每日胎神占方
1	六		十四	庚申	**宜：**裁衣、合帳、嫁娶、出火、入宅、洽爐、入殮、移柩、除靈、火葬、進金、安葬 **忌：**開光、出行、買車、開市、動土、納畜、酬神	丑卯辰巳	**沖虎 50 歲煞南**	碓磨爐外東南
2	日		十五	辛酉	**宜：**安床、作灶 **忌：**嫁娶、開光、入宅、安香、入殮、除靈、火葬、進金、安葬	子丑寅午	**沖兔 49 歲煞東**	廚灶門外東南
3	一		十六	壬戌	**宜：**酬神、出行、買車、納畜、開光、訂婚、嫁娶、出火、安床、入宅、安香、洽爐、開市、掛匾、入殮、除靈、火葬、進金、安葬 **忌：**上官赴任	子丑巳午	**沖龍 48 歲煞北**	倉庫栖外東南
4	二		十七	癸亥	**正四廢又逢重日吉喜喪事均不取**	寅卯辰午	**沖蛇 47 歲煞西**	占房床外東南
5	三		十八	甲子	**宜：**破屋壞垣 **月破**大耗最為不吉之神宜事不取	子丑卯巳	**沖馬 46 歲煞南**	占門碓外東南
6	四		十九	乙丑	**宜：**祈福、酬神、出行、開光、齋醮、訂婚、裁衣、合帳、嫁娶、動土、安床、入殮、除靈、破土 **忌：**開市、安機械、火葬、進金、安葬	寅卯辰巳	**沖羊 45 歲煞東**	碓磨廁外東南
7	五	小暑	二十	丙寅	**節前宜：**開光、訂婚、裁衣、動土、安床、開市、掛匾、入殮、移柩、除靈、破土、火葬、進金、安葬、求醫治病 **忌：**開刀	子寅卯午	**沖猴 44 歲煞北**	廚灶爐外正南

15	14	13	12	11	10	9	8
六	五	四	三	二	一	日	六
廿八	廿七	廿六	廿五	廿四	廿三	廿二	廿一
甲戌	癸酉	壬申	辛未	庚午	己巳	戊辰	丁卯
宜：祈福、酬神、裁衣、嫁娶 **忌：入宅、安香、動土、安機械、入殮、除靈、火葬、進金、安葬**	宜：出行、開光、裁衣、合帳、嫁娶、安床、入殮、移柩、除靈、火葬、進金、安葬 **忌：入宅、安香、開刀、動土、開市**	宜：祈福、酬神、齋醮、嫁娶、開市、入殮、移柩、除靈、破土、火葬、進金、安葬、求醫治病 **忌：入宅、安香、開光**	宜：祈福、酬神、出行、訂婚、安床 **忌：入宅、安香、開市、嫁娶、動土、入殮、除靈、火葬、進金**	宜：入殮、移柩、除靈、破土、火葬、安葬 **受死忌吉喜事惟行喪不忌**	宜：祈福、酬神、牧養、納畜、裁衣、出火、動土、作灶、入宅、安香、開市 **忌：開光、嫁娶、出行、買車、安門、入殮、除靈、火葬**	宜：作灶 **忌：開光、安床、開市、嫁娶、入殮、除靈、火葬、進金、安葬**	宜：酬神、出行、開光、訂婚、嫁娶、出火、動土、安床、入宅、安香、治爐、開市、入殮、除靈、破土、火葬、進金、安葬、治病 **忌：開刀、安門**
子丑卯午	寅辰巳午	子辰巳午	子寅卯午	丑卯辰巳	子卯巳午	寅卯辰巳	子辰巳午
沖龍36 歲煞北	**沖兔37 歲煞東**	**沖虎38 歲煞南**	**沖牛39 歲煞西**	**沖鼠40 歲煞北**	**沖豬41 歲煞東**	**沖狗42 歲煞南**	**沖雞43 歲煞西**
門雞栖 外西南	房床門 外西南	倉庫爐 外西南	廚灶廁 外西南	占碓磨 外正南	占門床 外正南	占房栖 外正南	倉庫門 外正南

日期	星期	節日節氣	農曆	干支	每日宜忌	每日吉時	每日沖煞	每日胎神占方
16	日		廿九	乙亥	宜：祈福、酬神、出行、買車、開光、設醮、訂婚、動土、安床、安灶、開市 **忌：嫁娶、入宅、安香、入殮、除靈、火葬、進金**	子丑卯辰	沖蛇 35 歲煞西	碓磨床外西南
17	一		三十	丙子	宜：入殮、移柩、破土、火葬、進金、安葬 **忌：開光、入宅、安香、嫁娶、開市、除靈**	子丑寅卯	沖馬 34 歲煞南	廚灶碓外西南
18	二		六月初一	丁丑	**月破大耗最為不吉之神宜事不取** **正紅紗宜事不取**	子辰巳午	沖羊 33 歲煞東	倉庫廁外正西
19	三		初二	戊寅	宜：出行、買車、開光、訂婚、裁衣、嫁娶、出火、動土、安床、安灶、入宅、洽爐、掛匾、入殮、除靈、破土、火葬、進金、安葬 **忌：開市、開刀**	寅卯辰巳	沖猴 32 歲煞北	房床爐外正南
20	四		初三	己卯	宜：祈福、酬神、設醮、訂婚、合帳、嫁娶、安床、安灶、掛匾、求醫治病 **忌：開光、入宅、安香、入殮、除靈、火葬、探病**	子卯巳午	沖雞 31 歲煞西	占大門外正西
21	五		初四	庚辰	宜：牧養、納畜、作灶 **忌：安床、入宅、安香、入殮、除靈、火葬**	子卯辰巳	沖狗 30 歲煞南	碓磨栖外正西
22	六		初五	辛巳	宜：祈福、酬神、牧養、納畜、開光、訂婚、嫁娶、開市、求醫治病 **忌：入宅、安香、入殮、除靈、火葬、進金、安葬**	子寅卯午	沖豬 29 歲煞東	廚灶床外正西
23	日	大暑	初六	壬午	宜：入殮、移柩、除靈、火葬、安葬 **受死忌吉喜事惟行喪不忌**	丑辰巳午	沖鼠 28 歲煞北	倉庫碓外西北

	31	30	29	28	27	26	25	24
	一	日	六	五	四	三	二	一
	十四	十三	十二	十一	初十	初九	初八	初七
	庚寅	己丑	戊子	丁亥	丙戌	乙酉	甲申	癸未
	宜：開光、訂婚、嫁娶、開市、入殮、移柩、除靈、火葬、進金、安葬 **忌：**入宅、安香、出行、買車、開刀	**月破大耗最為不吉之神宜事不取** **正紅紗宜事不取**	**宜：**裁衣、入殮、移柩、火葬、進金、安葬 **忌：**入宅、安香、嫁娶、除靈、開市、造床	**宜：**祈福、酬神、牧養、納畜、設醮、裁衣、合帳、出火、安床、入宅、安香、掛匾 **忌：**開光、嫁娶、入殮、除靈、火葬、進金、安葬	**宜：**入殮、除靈 **忌：**開市、動土、酬神、嫁娶、入宅、安香、火葬、進金、安葬	**宜：**出行、買車、牧養、納畜、裁衣、合帳、安床、開市、入殮、移柩、除靈、火葬、進金、安葬 **忌：**嫁娶、開光、上樑、開刀、入宅、安香	**宜：**酬神、出行、開光、設醮、齋醮、訂婚、嫁娶、出火、入宅、安香、洽爐、掛匾、開市、入殮、除靈、火葬、進金、安葬、治病 **忌：**安床、納畜	**宜：**出行、買車、裁衣、合帳 **忌：**開光、動土、嫁娶、開市、安機械、入宅、安香、入殮、火葬
	子卯辰巳	子卯巳午	寅卯辰巳	子丑辰午	丑寅卯午	子丑辰巳	子卯巳午	寅卯辰巳
	沖猴20 歲煞北	**沖羊21 歲煞東**	**沖馬22 歲煞南**	**沖蛇23 歲煞西**	**沖龍24 歲煞北**	**沖兔25 歲煞東**	**沖虎26 歲煞南**	**沖牛27 歲煞西**
	碓磨爐 外正北	占門廁 外正北	房床碓 外正北	倉庫床 外西北	廚灶栖 外西北	碓磨門 外西北	占門爐 外西北	房床廁 外西北

二〇二三年國曆八月

日期	星期	節日節氣	農曆	干支	每日宜忌	每日吉時	每日沖煞	每日胎神占方
1	二		十五	辛卯	宜：祈福、酬神、出行、設醮、齋醮、安床、入宅、安香、洽爐、掛匾、入殮、除靈、火葬、進金、安葬 **忌：嫁娶、開刀、開光**	丑寅卯午	**沖雞19 歲煞西**	廚灶門外正北
2	三		十六	壬辰	宜：作灶、祭祀、納財、結網、捕捉 **忌：安床、嫁娶、納畜、安機械、入殮、除靈、火葬**	子辰巳午	**沖狗18 歲煞南**	倉庫栖外正北
3	四		十七	癸巳	宜：祈福、酬神、牧養、納畜、訂婚、裁衣、安床、安灶、開市、求醫治病 **忌：開光、嫁娶、入殮、除靈、火葬、進金、安葬**	卯辰巳午	**沖豬17 歲煞東**	占房床房內北
4	五		十八	甲午	宜：入殮、移柩、除靈、火葬、安葬 **受死忌吉喜事惟行喪不忌**	丑卯巳午	**沖鼠16 歲煞北**	占門碓房內北
5	六		十九	乙未	宜：出行、買車、裁衣、合帳、嫁娶 **忌：開光、動土、入殮、除靈、火葬、進金、安葬**	子卯辰巳	**沖牛15 歲煞西**	碓磨廁房內北
6	日		二十	丙申	宜：祈福、酬神、開光、設醮、齋醮、嫁娶、出火、入宅、安香、洽爐、除靈、火葬、進金、安葬、求醫治病 **忌：安床、開市、納畜、入殮**	子丑卯午	**沖虎14 歲煞南**	廚灶爐房內北
7	一		廿一	丁酉	宜：入殮、移柩、除靈、火葬、進金、安葬 **四絕忌吉喜事惟行喪不忌**	子辰巳午	**沖兔13 歲煞東**	倉庫門房內北

15	14	13	12	11	10	9	8
二	一	日	六	五	四	三	二
							立秋 父親節
廿九	廿八	廿七	廿六	廿五	廿四	廿三	廿二
乙巳	甲辰	癸卯	壬寅	辛丑	庚子	己亥	戊戌
宜：祈福、開光、訂婚、裁衣、嫁娶、動土、安床、作灶、開市 忌：開刀、入宅、安香、入殮、火葬、進金、安葬	宜：酬神、開光、訂婚、裁衣、嫁娶、動土、安灶、掛匾、入殮、除靈、破土、火葬、進金、安葬、求醫治病 忌：入宅、安香、開刀、上官赴任	宜：酬神、出行、買車、齋醮、訂婚、裁衣、嫁娶、出火、入宅、安香、洽爐、開市、掛匾、入殮、除靈、火葬、進金、安葬 忌：開光、安床、動土	宜：求醫治病、破屋壞垣 **月破大耗最為不吉之神宜事不取**	**受死忌吉喜事惟行喪不忌** 宜：入殮、移柩、除靈、破土、火葬、安葬	宜：酬神、出行、開光、設醮、訂婚、嫁娶、動土、安床、入宅、安香、掛匾 忌：開市、入殮、除靈、火葬	**是日凶星多吉星少宜事不取**	節前宜：入殮、除靈、火葬、進金、安葬 節後宜：出行、納畜、開光、訂婚、裁衣、出火、入宅 忌：安門、嫁娶、入學
子卯辰巳	子卯巳午	卯辰巳午	子辰巳午	丑寅卯午	子卯辰巳	子寅卯午	寅卯巳午
沖豬5 歲煞東	沖狗6 歲煞南	沖雞7 歲煞西	沖猴8 歲煞北	沖羊9 歲煞東	沖馬10 歲煞南	沖蛇11 歲煞西	沖龍12 歲煞北
碓磨床 房內東	門雞栖 房內東	房床門 房內南	倉庫爐 房內南	廚灶廁 房內南	占碓磨 房內南	占門床 房內南	房床栖 房內南

日期	星期	節日節氣	農曆	干支	每日宜忌	每日吉時	每日沖煞	每日胎神占方
16	三		七月初一	丙午	宜：祈福、酬神、開光、齋醮、訂婚、裁衣、動土、安床、除靈、破土 **忌：**入宅、安香、嫁娶、開刀、入殮、火葬、進金、安葬	丑寅 卯午	**沖鼠 4 歲煞北**	廚灶碓 房內東
17	四		初二	丁未	宜：祈福、出行、納畜、齋醮、嫁娶、出火、動土、安床、入宅、安香、洽爐、入殮、除靈、破土、火葬、進金、安葬、求醫治病 **忌：**開光、開刀	子辰 巳午	**沖牛 3 歲煞西**	倉庫廁 房內東
18	五		初三	戊申	宜：酬神、出行、納畜、設醮、齋醮、裁衣、入宅、安香、洽爐、入殮、除靈、火葬、進金、安葬、求醫治病 **忌：**嫁娶、安床、開市、動土	卯辰 巳午	**沖虎 2 歲煞南**	房床爐 房內東
19	六		初四	己酉	宜：祈福、酬神、裁衣、合帳、入殮、移柩、破土、火葬、進金、安葬 **忌：**入宅、安香、嫁娶、除靈、造宅、入學、習藝	子寅 巳午	**沖兔 1 歲煞東**	占大門 房內東
20	日		初五	庚戌	宜：開光 **忌：**出行、買車、入宅、安香、動土、入殮、除靈、火葬、進金	子丑 卯巳	**沖龍 60 歲煞北**	碓磨栖 外東北
21	一		初六	辛亥	宜：作灶 **忌：**開光、嫁娶、開市、入殮、除靈、火葬、進金、安葬	丑寅 卯午	**沖蛇 59 歲煞西**	廚灶床 外東北
22	二	七夕 情人節	初七	壬子	宜：酬神、出行、設齋醮、訂婚、動土、安床、入宅、入殮、除靈、火葬、進金 **忌：**嫁娶、開光	子丑 辰巳	**沖馬 58 歲煞南**	倉庫碓 外東北
23	三	處暑	初八	癸丑	宜：入殮、移柩、除靈、破土、火葬、安葬 **受死忌吉喜事惟行喪不忌**	寅卯 巳午	**沖羊 57 歲煞東**	房床廁 外東北

31	30	29	28	27	26	25	24
四	三	二	一	日	六	五	四
十六	十五	十四	十三	十二	十一	初十	初九
辛酉	庚申	己未	戊午	丁巳	丙辰	乙卯	甲寅
宜：裁衣、合帳、動土、安床、入殮、移柩、破土、火葬、進金、安葬 **忌**：入宅、安香、嫁娶、開市、除靈	**宜**：出行、裁衣、安灶 **忌**：開光、動土、嫁娶、入殮、除靈、火葬、進金、安葬	**宜**：嫁娶、動土、入殮、除靈、破土 **忌**：開刀、出行、買車、入宅、安香、開光、火葬、進金、開市	**宜**：祈福、酬神、開光、訂婚、裁衣、嫁娶、安床、除靈、求醫治病 **忌**：入宅、安香、動土、入殮、火葬、進金	**宜**：開光、訂婚、裁衣、合帳、嫁娶、出火、安床、入宅、安香 **忌**：酬神、安機械、入殮、除靈、火葬、進金	**宜**：祈福、齋醮、訂婚、嫁娶、出火、動土、安床、入宅、安香、洽爐、掛匾、入殮、除靈、破土、火葬、進金、安葬、求醫治病 **忌**：開市、開刀	**宜**：入殮、移柩、除靈、火葬、進金、安葬 **正四廢值日忌吉喜事惟行喪不忌**	**宜**：破屋壞垣 **月破大耗最為不吉之神宜事不取**
子丑寅午	丑卯辰巳	子卯巳午	寅卯辰巳	子辰巳午	子寅卯午	子丑卯巳	子寅卯午
沖兔49 歲煞東	**沖虎50 歲煞南**	**沖牛51 歲煞西**	**沖鼠52 歲煞北**	**沖豬53 歲煞東**	**沖狗54 歲煞南**	**沖雞55 歲煞西**	**沖猴56 歲煞北**
廚灶門外東南	碓磨爐外東南	占門廁外正東	房床碓外正東	倉庫床外正東	廚灶栖外正東	碓磨門外正東	占門爐外東北

二〇二三年國曆九月

日期	1	2	3	4	5	6	7
星期	五	六	日	一	二	三	四
節日節氣							
農曆	十七	十八	十九	二十	廿一	廿二	廿三
干支	壬戌	癸亥	甲子	乙丑	丙寅	丁卯	戊辰
每日宜忌	**宜：**出行、開光、訂婚、裁衣、合帳、出火、安床、入宅、求醫治病 **忌：**嫁娶、動土、安香、入殮、除靈、火葬、進金、安葬	**宜：**作灶 **忌：**入宅、安香、開光、嫁娶、入殮、除靈、火葬、進金、安葬	**宜：**祈福、出行、開光、訂婚、嫁娶、動土、安床、入宅、安香、掛匾、入殮、除靈、火葬 **忌：**開市、安機械	**宜：**入殮、移柩、除靈、破土、火葬、安葬 **受死忌吉喜事惟行喪不忌**	**宜：**破屋壞垣 **月破大耗最為不吉之神宜事不取**	**宜：**祈福、酬神、出行、設醮、齋醮、訂婚、嫁娶、出火、入宅、安香、洽爐、掛匾、入殮、移柩、除靈、火葬、進金、安葬 **忌：**安床、動土、開光	**宜：**酬神、設齋醮、訂婚、動土、安床、開市、掛匾、入殮、除靈、火葬、進金 **忌：**嫁娶、開光、出行
每日吉時	子丑 巳午	寅卯 辰午	子丑 卯巳	寅卯 辰巳	子寅 卯午	子辰 巳午	寅卯 辰巳
每日沖煞	**沖龍 48** **歲煞北**	**沖蛇 47** **歲煞西**	**沖馬 46** **歲煞南**	**沖羊 45** **歲煞東**	**沖猴 44** **歲煞北**	**沖雞 43** **歲煞西**	**沖狗 42** **歲煞南**
每日胎神占方	倉庫栖 外東南	占房床 外東南	占門碓 外東南	碓磨廁 外東南	廚灶爐 外正南	倉庫門 外正南	占房栖 外正南

8	9	10	11	12	13	14	15
五	六	日	一	二	三	四	五
白露							
廿四	廿五	廿六	廿七	廿八	廿九	三十	八月初一
己巳	庚午	辛未	壬申	癸酉	甲戌	乙亥	丙子
節前宜：酬神、嫁娶、動土、安床、作灶、入宅、安香、開市 **節後宜：**酬神、開光、嫁娶、動土、安床、安灶、入宅、開市 **忌：**出行	**宜：**裁衣、合帳、入殮、除靈 **忌：**入宅、安香、嫁娶、開市、火葬	**受死逢重喪日吉喜喪事均不取**	**宜：**牧養、納畜、裁衣、合帳、嫁娶、出火、動土、安灶、入宅、入殮、移柩、破土、火葬、進金、安葬 **忌：**開市、安床、除靈、安香	**宜：**出行、入殮、移柩、除靈、火葬、進金、安葬 **忌：**開市、動土、安機械、嫁娶、入宅、安香	**宜：**酬神、出行、買車、開光、訂婚、裁衣、嫁娶、動土、安床、開市 **忌：**入宅、安香、入殮、除靈、火葬、進金、安葬	**宜：**出行、買車、牧養、納畜、訂婚、裁衣、合帳、出火、安床、安灶、入宅、掛匾 **忌：**開光、酬神、動土、開市、入殮、除靈、火葬、進金	**宜：**入殮、除靈、破土 **忌：**入宅、安香、嫁娶、進人口、火葬、進金、安葬
子卯巳午	丑卯辰巳	子寅卯午	子辰巳午	寅辰巳午	子丑卯午	子丑卯辰	子丑寅卯
沖豬41 歲煞東	**沖鼠40 歲煞北**	**沖牛39 歲煞西**	**沖虎38 歲煞南**	**沖兔37 歲煞東**	**沖龍36 歲煞北**	**沖蛇35 歲煞西**	**沖馬34 歲煞南**
占門床外正南	占碓磨外正南	廚灶廁外西南	倉庫爐外西南	房床門外西南	門雞栖外西南	碓磨床外西南	廚灶碓外西南

日期	16	17	18	19	20	21	22
星期	六	日	一	二	三	四	五
節日節氣							
農曆	初二	初三	初四	初五	初六	初七	初八
干支	丁丑	戊寅	己卯	庚辰	辛巳	壬午	癸未
每日宜忌	**宜：**酬神、出行、齋醮、訂婚、嫁娶、出火、動土、安床、安灶、入宅、安香、洽爐、掛匾、入殮、除靈、破土、火葬、進金、安葬 **忌：開光、開市**	**宜：**開光、訂婚、動土、入殮、移柩、除靈、火葬、進金 **忌：安床、入宅、安香、嫁娶**	**宜：**求醫治病、破屋壞垣 **月破大耗最為不吉之神宜事不取**	**宜：**祈福、酬神、開光、齋醮、嫁娶、安床、入殮、移柩、除靈、破土、火葬、進金、安葬、求醫治病 **忌：出行、買車、開市、造宅、納畜**	**宜：**祈福、酬神、設醮、訂婚、嫁娶、出火、動土、安床、安灶、入宅、安香、掛匾、求醫治病 **忌：開刀、開市、開光、入殮、除靈、火葬**	**宜：**入殮、除靈 **忌：入宅、安香、開市、安機械、嫁娶、開光、開刀、火葬、進金**	**宜：**除靈 **受死又逢四離開日忌吉喜事行喪亦忌**
每日吉時	子辰巳午	寅卯辰巳	子卯巳午	子卯辰巳	子寅卯午	丑辰巳午	寅卯辰巳
每日沖煞	**沖羊33 歲煞東**	**沖猴32 歲煞北**	**沖雞31 歲煞西**	**沖狗30 歲煞南**	**沖豬29 歲煞東**	**沖鼠28 歲煞北**	**沖牛27 歲煞西**
每日胎神占方	倉庫廁 外正西	房床爐 外正南	占大門 外正西	碓磨栖 外正西	廚灶床 外正西	倉庫碓 外西北	房床廁 外西北

23	24	25	26	27	28	29	30
六	日	一	二	三	四	五	六
秋分					教師節	中秋節	
初九	初十	十一	十二	十三	十四	十五	十六
甲申	乙酉	丙戌	丁亥	戊子	己丑	庚寅	辛卯
宜：牧養、納畜、裁衣、合帳、動土、安灶、入殮、移柩、破土、火葬、進金、安葬 **忌：**嫁娶、上樑、開刀、安門、除靈	宜：出行、入殮、移柩、除靈、火葬、進金、安葬 **忌：**開光、安門、開市、動土、嫁娶、入宅、安香	宜：祈福、酬神、開光、設醮、裁衣、合帳、動土、安床 **忌：**開市、安門、入宅、安香、嫁娶、入殮、除靈、火葬、進金	宜：出行、買車、開光、裁衣、合帳、出火、安床、入宅、開市 **忌：**酬神、嫁娶、入殮、除靈、火葬、進金、安葬	宜：入殮、移柩、除靈、破土、火葬、進金、安葬 **忌：**酬神、入宅、安香、嫁娶、入學、習藝	宜：酬神、納畜、齋醮、訂婚、嫁娶、出火、動土、安床、安灶、入宅、安香、洽爐、掛匾、入殮、除靈、破土、火葬、進金、安葬 **忌：**開光、開市	**真滅沒宜事不取**	宜：求醫治病、破屋壞垣 **月破大耗最為不吉之神宜事不取**
子卯巳午	子丑辰巳	丑寅卯午	子丑辰午	寅卯辰巳	子卯巳午	子卯辰巳	丑寅卯午
沖虎26 歲煞南	**沖兔25 歲煞東**	**沖龍24 歲煞北**	**沖蛇23 歲煞西**	**沖馬22 歲煞南**	**沖羊21 歲煞東**	**沖猴20 歲煞北**	**沖雞19 歲煞西**
占門爐 外西北	碓磨門 外西北	廚灶栖 外西北	倉庫床 外西北	房床碓 外正北	占門廁 外正北	碓磨爐 外正北	廚灶門 外正北

二〇二三年國曆十月

日期	星期	節日節氣	農曆	干支	每日宜忌	每日吉時	每日沖煞	每日胎神占方
1	日		十七	壬辰	**宜**：出行、買車、開光、訂婚、裁衣、合帳、出火、動土、安床、入宅、安香、洽爐、開市、入殮、除靈、破土 **忌**：嫁娶、納畜、火葬、進金、安葬	子辰巳午	沖狗18 歲煞南	倉庫栖 外正北
2	一		十八	癸巳	**宜**：祈福、酬神、訂婚、嫁娶、出火、動土、安灶、入宅、安香、求醫治病 **忌**：開光、入殮、火葬	卯辰巳午	沖豬17 歲煞東	占房床 房內北
3	二		十九	甲午	**宜**：嫁娶、作灶、入殮、除靈 **忌**：入宅、安香、開市、開刀、火葬、進金、安葬	丑卯巳午	沖鼠16 歲煞北	占門碓 房內北
4	三		二十	乙未	**宜**：除靈 **受死逢開日吉喜喪事均不取**	子卯辰巳	沖牛15 歲煞西	碓磨廁 房內北
5	四		廿一	丙申	**宜**：牧養、裁衣、嫁娶、入殮、移柩、火葬、進金、安葬 **忌**：開刀、安門、安床、除靈	子丑卯午	沖虎14 歲煞南	廚灶爐 房內北
6	五		廿二	丁酉	**宜**：出行、入殮、除靈 **忌**：開光、動土、開市、入宅、安香、火葬、進金	子辰巳午	沖兔13 歲煞東	倉庫門 房內北
7	六		廿三	戊戌	**宜**：裁衣、合帳、動土、安床、開市、求醫治病 **忌**：開光、嫁娶、開刀、出行、入殮、除靈、火葬、進金、安葬	寅卯巳午	沖龍12 歲煞北	房床栖 房內南

8	9	10	11	12	13	14	15
日	一	二	三	四	五	六	日
寒露		國慶日					
廿四	廿五	廿六	廿七	廿八	廿九	三十	九月初一
己亥	庚子	辛丑	壬寅	癸卯	甲辰	乙巳	丙午
節前宜：出行、買車、開光、訂婚、裁衣、合帳、出火、安床、入宅、開市、掛匾 **忌**：嫁娶、納畜、入殮、除靈、火葬、進金、安葬	**宜**：牧養、開光、安床、開市、入殮、移柩、除靈、火葬、進金、安葬 **忌**：入宅、安香、嫁娶、動土	**正紅紗宜事不取**	**宜**：入殮、移柩、除靈、破土、火葬、安葬 **受死忌吉喜事惟行喪不忌**	**宜**：酬神、出行、開光、齋醮、訂婚、嫁娶、動土、安床、入宅、安香、洽爐、掛匾、入殮、除靈、破土、火葬、進金、安葬 **忌**：上官赴任	**宜**：破屋壞垣 **月破大耗最為不吉之神宜事不取**	**宜**：訂婚、裁衣、嫁娶、安床 **忌**：開市、入宅、開光、開刀、入殮、除靈、火葬、進金	**宜**：酬神、出行、訂婚、動土、安床、入宅、安香、開市、入殮、除靈、火葬 **忌**：嫁娶 **日環食中心食：丑時01點59分台灣不見宜事照常**
子寅卯午	子卯辰巳	丑寅卯午	子辰巳午	卯辰巳午	子卯巳午	子卯辰巳	丑寅卯午
沖蛇11 歲煞西	**沖馬10 歲煞南**	**沖羊9 歲煞東**	**沖猴8 歲煞北**	**沖雞7 歲煞西**	**沖狗6 歲煞南**	**沖豬5 歲煞東**	**沖鼠4 歲煞北**
占門床 房內南	占碓磨 房內南	廚灶廁 房內南	倉庫爐 房內南	房床門 房內南	門雞栖 房內東	碓磨床 房內東	廚灶碓 房內東

日期	星期	節日節氣	農曆	干支	每日宜忌	每日吉時	每日沖煞	每日胎神占方
16	一		初二	丁未	**是日凶星多吉星少宜事不取**	子辰巳午	**沖牛3 歲煞西**	倉庫廁 房內東
17	二		初三	戊申	**宜：**祈福、酬神、出行、求醫治病 **忌：**入宅、安香、嫁娶、入殮、除靈、火葬、進金、安葬	卯辰巳午	**沖虎2 歲煞南**	房床爐 房內東
18	三		初四	己酉	**宜：**安灶 **忌：**安門、開刀、入宅、安香、入殮、除靈、火葬、進金、安葬	子寅巳午	**沖兔1 歲煞東**	占大門 房內東
19	四		初五	庚戌	**宜：**牧養、納畜、裁衣、合帳、嫁娶、入宅、安香 **忌：**出行、買車、動土、入殮、除靈、火葬、進金	子丑卯巳	**沖龍60 歲煞北**	碓磨栖 外東北
20	五		初六	辛亥	**宜：**祈福、酬神、出行、牧養、納畜、開光、設醮、裁衣、合帳、出火、安床、入宅、安香、求醫治病 **忌：**嫁娶、入殮、除靈、火葬、進金	丑寅卯午	**沖蛇59 歲煞西**	廚灶床 外東北
21	六		初七	壬子	**宜：**入殮、移柩、除靈、火葬、進金、安葬 **忌：**入宅、安香、嫁娶、酬神、開光、開市	子丑辰巳	**沖馬58 歲煞南**	倉庫碓 外東北
22	日		初八	癸丑	**季月逢丑日謂正紅紗宜事不取**	寅卯巳午	**沖羊57 歲煞東**	房床廁 外東北
23	一	重陽節	初九	甲寅	**宜：**入殮、除靈、火葬、安葬 **受死忌吉喜事惟行喪不忌**	子寅卯午	**沖猴56 歲煞北**	占門爐 外東北

31	30	29	28	27	26	25	24
二	一	日	六	五	四	三	二
							霜降
十七	十六	十五	十四	十三	十二	十一	初十
壬戌	辛酉	庚申	己未	戊午	丁巳	丙辰	乙卯
宜：祈福、酬神、出行、訂婚、安床、求醫治病 忌：開光、嫁娶、入宅、安香、動土、入殮、除靈、火葬、進金	宜：祈福、酬神、出行、設醮、齋醮、嫁娶、安灶、入殮、移柩、除靈、火葬、進金、安葬 忌：開市、安門、開刀	**月偏食中心食：寅時04時14分台灣可見宜事不取**	宜：嫁娶、作灶 忌：出行、買車、造船橋、入殮、除靈、火葬、進金、安葬	宜：出行、開光、訂婚、嫁娶、安床、安灶、入宅、安香、掛匾、治病 忌：酬神、動土、入殮、火葬	宜：訂婚、嫁娶 忌：入宅、安香、開刀、入殮、除靈、火葬、進金、安葬	**月破大耗最為不吉之神宜事不取**	宜：入殮、移柩、除靈、火葬、進金、安葬 **正四廢值日忌吉喜事惟行喪不忌**
子丑巳午	子丑寅午	丑卯辰巳	子卯巳午	寅卯辰巳	子辰巳午	子寅卯午	子丑卯巳
沖龍48 歲煞北	沖兔49 歲煞東	沖虎50 歲煞南	沖牛51 歲煞西	沖鼠52 歲煞北	沖豬53 歲煞東	沖狗54 歲煞南	沖雞55 歲煞西
倉庫栖外東南	廚灶門外東南	碓磨爐外東南	占門廁外正東	房床碓外正東	倉庫床外正東	廚灶栖外正東	碓磨門外正東

二〇二三年國曆十一月

日期	星期	節日節氣	農曆	干支	每日宜忌	每日吉時	每日沖煞	每日胎神占方
1	三		十八	癸亥	宜：祈福、酬神、出行、買車、開光、設醮、裁衣、合帳、安床、求醫治病 忌：開市、安機械、嫁娶、入宅、安香、入殮、火葬	寅卯辰午	沖蛇47 歲煞西	占房床 外東南
2	四		十九	甲子	宜：訂婚、裁衣、安床、開市、入殮、移柩、除靈、火葬（地理師勿近之） 忌：嫁娶、入宅、安香、開光、動土、酬神	子丑卯巳	沖馬46 歲煞南	占門碓 外東南
3	五		二十	乙丑	**正紅紗宜事不取**	寅卯辰巳	沖羊45 歲煞東	碓磨廁 外東南
4	六		廿一	丙寅	宜：入殮、移柩、除靈、火葬、安葬 **受死忌吉喜事惟行不喪**	子寅卯午	沖猴44 歲煞北	廚灶爐 外正南
5	日		廿二	丁卯	宜：祈福、酬神、出行、牧養、納畜、開光、訂婚、裁衣、嫁娶、安床、入殮、移柩、除靈、火葬、進金、安葬 忌：入宅、安香、安門、剃頭	子辰巳午	沖雞43 歲煞西	倉庫門 外正南
6	一		廿三	戊辰	**月破大耗最為不吉之神宜事不取**	寅卯辰巳	沖狗42 歲煞南	房床栖 外正南
7	二		廿四	己巳	**四絕忌吉喜事逢重日行喪亦不取**	子卯巳午	沖豬41 歲煞東	占門床 外正南

日期	星期	節氣	農曆	干支	宜忌	時辰	沖煞	胎神
8	三	立冬	廿五	庚午	**節前宜**：時間短不取 **節後宜**：出行、祈福、訂婚、動土、開市、入殮、除靈、火葬、進金 **忌**：開光、嫁娶、入宅、安香	丑卯辰巳	**沖鼠40 歲煞北**	占碓磨 外正南
9	四		廿六	辛未	**宜**：祈福、酬神、牧養、納畜、開光、訂婚、合帳、動土、安床、安灶、掛匾、入殮、移柩、除靈、破土、火葬、進金、安葬 **忌**：入宅、安香、嫁娶	子寅卯午	**沖牛39 歲煞西**	廚灶廁 外西南
10	五		廿七	壬申	**受死逢收日吉喜喪事均不取**	子辰巳午	**沖虎38 歲煞南**	倉庫爐 外西南
11	六		廿八	癸酉	**宜**：祈福、酬神、出行、買車、開光、齋醮、嫁娶、動土、安床、開市、除靈、治病 **忌**：入宅、安香、入殮、安葬	寅辰巳午	**沖兔37 歲煞東**	房床門 外西南
12	日		廿九	甲戌	**宜**：酬神、出行、齋醮、訂婚、嫁娶、動土、入殮、移柩、除靈、破土、火葬、進金、安葬 **忌**：入宅、安香、開刀	子丑卯午	**沖龍36 歲煞北**	門雞栖 外西南
13	一		十月 初一	乙亥	**宜**：出行 **忌**：嫁娶、開光、開刀、動土、入殮、除靈、火葬、進金、安葬	子丑卯辰	**沖蛇35 歲煞西**	碓磨床 外西南
14	二		初二	丙子	**宜**：酬神、出行、納畜、齋醮、訂婚、嫁娶、動土、入宅、安香、洽爐、開市、掛匾、入殮、除靈、破土、火葬、進金、安葬、治病 **忌**：開光、安床	子丑寅卯	**沖馬34 歲煞南**	廚灶碓 外西南
15	三		初三	丁丑	**是日凶星多吉星少宜事不取**	子辰巳午	**沖羊33 歲煞東**	倉庫廁 外正西

日期	星期	節日節氣	農曆	干支	每日宜忌	每日吉時	每日沖煞	每日胎神占方
16	四		初四	戊寅	**宜：**出行、買車、牧養、納畜、開光、訂婚、裁衣、合帳、安床、開市、入殮、移柩、除靈、火葬、進金、安葬 **忌：造宅全章、入宅、安香、嫁娶**	寅卯辰巳	**沖猴32 歲煞北**	房床爐 外正西
17	五		初五	己卯	**宜：**酬神、開光、設齊醮、訂婚、動土、安床、安灶、開市、掛匾、入殮、除靈、破土、火葬、進金、安葬 **忌：入宅、安香、嫁娶**	子丑巳午	**沖雞31 歲煞西**	占大門 外正西
18	六		初六	庚辰	**宜：**酬神、出行、納畜、設醮、齊醮、嫁娶、出火、安床、入宅、安香、洽爐、掛匾、入殮、除靈、火葬、進金、安葬、治病 **忌：動土、開市**	子卯辰巳	**沖狗30 歲煞南**	碓磨栖 外正西
19	日		初七	辛巳	**宜：**求醫治病、破屋壞垣 **月破大耗最為不吉之神宜事不取**	子寅卯午	**沖豬29 歲煞東**	廚灶床 外正西
20	一		初八	壬午	**宜：**出行、買車、牧養、納畜、開光、訂婚、裁衣、合帳、嫁娶、出火、動土、安灶、入宅、安香、開市、掛匾 **忌：酬神、安床、入殮、除靈、火葬**	丑辰巳午	**沖鼠28 歲煞北**	倉庫碓 外西北
21	二		初九	癸未	**宜：**祈福、酬神、牧養、納畜、開光、訂婚、入殮、移柩、除靈、火葬、進金、安葬 **忌：開市、入宅、安香、嫁娶、動土、安門、上樑**	寅卯辰巳	**沖牛27 歲煞西**	房床廁 外西北
22	三	小雪	初十	甲申	**宜：**入殮、除靈 **受死逢收日吉喜喪事均不取**	子卯巳午	**沖虎26 歲煞南**	占門爐 外西北

23	24	25	26	27	28	29	30
四	五	六	日	一	二	三	四
十一	十二	十三	十四	十五	十六	十七	十八
乙酉	丙戌	丁亥	戊子	己丑	庚寅	辛卯	壬辰
宜：祈福、酬神、出行、買車、開光、訂婚、裁衣、嫁娶、動土、安床、除靈、破土 **忌：**入宅、安香、開刀、開市、安門	**宜：**裁衣、合帳、嫁娶、安床、入殮、除靈、破土 **忌：**開刀、穿井、火葬、進金、安葬	**是日凶星多吉星少宜事不取**	**宜：**訂婚、嫁娶、出火、動土、入宅、安香、洽爐、入殮、移柩、除靈、破土、火葬、進金、安葬、求醫治病 **忌：**開光、出行、安床、開市	**宜：**裁衣、安機械、安門 **忌：**入宅、安香、嫁娶、開光、動土、入殮、安葬	**宜：**出行、買車、開光、訂婚、裁衣、合帳、動土、安床、開市、入殮、移柩、除靈、破土、火葬、進金、安葬 **忌：**安機械、入宅、安香、嫁娶	**宜：**祈福、酬神、出行、買車、開光、齊醮、裁衣、合帳、出火、動土、安床、安灶、入宅、安香、洽爐、開市、入殮、除靈、破土 **忌：**嫁娶、安葬	**宜：**嫁娶 **忌：**入宅、安香、開光、動土、入殮、除靈、火葬、進金、安葬
子丑辰巳	丑寅卯午	子丑辰午	寅卯辰巳	子卯巳午	子卯辰巳	丑寅卯午	子辰巳午
沖兔25 歲煞東	**沖龍24 歲煞北**	**沖蛇23 歲煞西**	**沖馬22 歲煞南**	**沖羊21 歲煞東**	**沖猴20 歲煞北**	**沖雞19 歲煞西**	**沖狗18 歲煞南**
碓磨門 外西北	廚灶栖 外西北	倉庫床 外西北	房床碓 外正北	占門廁 外正北	碓磨爐 外正北	廚灶門 外正北	倉庫栖 外正北

二〇二三年國曆十二月

日期	星期	節日節氣	農曆	干支	每日宜忌	每日吉時	每日沖煞	每日胎神占方
1	五		十九	癸巳	**宜**：破屋壞垣 **月破大耗最為不吉之神宜事不取**	卯辰巳午	**沖豬17 歲煞東**	占房床 房內北
2	六		二十	甲午	**宜**：酬神、出行、納畜、開光、齊醮、訂婚、嫁娶、動土、入宅、安香、洽爐、開市、掛匾、入殮、除靈、破土、火葬、進金、安葬 **忌**：安床、蓋屋	丑卯巳午	**沖鼠16 歲煞北**	占門碓 房內北
3	日		廿一	己未	**宜**：祈福、酬神、牧養、納畜、開光、齊醮、訂婚、合帳、安床、安灶、掛匾、入殮、移柩、除靈、火葬、進金、安葬 **忌**：入宅、安香、嫁娶、開市	子卯辰巳	**沖牛15 歲煞西**	碓磨廁 房內北
4	一		廿二	丙申	**受死逢收日吉喜喪事均不取**	子丑卯午	**沖虎14 歲煞南**	廚灶爐 房內北
5	二		廿三	丁酉	**宜**：祈福、酬神、齊醮、裁衣、動土、安床、開市、除靈、破土 **忌**：入宅、安香、嫁娶、出行、開光、開刀	子辰巳午	**沖兔13 歲煞東**	倉庫門 房內北
6	三		廿四	戊戌	**宜**：裁衣、合帳、嫁娶、安床、入殮、移柩、除靈、破土、火葬、進金、安葬 **忌**：入宅、安香、開刀、穿井	寅卯巳午	**沖龍12 歲煞北**	房床棲 房內南
7	四	大雪	廿五	己亥	**節前宜**：出行 **節後宜**：時間短促用事取節前吉 **忌**：嫁娶、入殮、除靈、火葬、進金	子寅卯午	**沖蛇11 歲煞西**	占門床 房內南

15	14	13	12	11	10	9	8
五	四	三	二	一	日	六	五
初三	初二	十一月 初一	三十	廿九	廿八	廿七	廿六
未丁	午丙	巳乙	辰甲	卯癸	寅壬	丑辛	子庚
宜：祈福、酬神、出行、買車、設醮、齊醮、動土、安床、入殮、移柩、除靈、破土、火葬、進金、安葬 **忌：**開光、安門、剃頭	**宜：**求醫治病、破屋壞垣 **月破大耗最為不吉之神宜事不取**	**宜：**祈福、酬神、牧養、納畜、設醮、裁衣、出火、動土、安床、安灶、入宅、安香 **忌：**嫁娶、開光、入殮、除靈、破土、火葬、進金、安葬	**宜：**酬神、出行、納畜、齊醮、訂婚、嫁娶、動土、安床、入宅、安香、洽爐、掛匾、入殮、除靈、破土、火葬、進金、安葬 **忌：**開光、上官、開市	**受死逢重喪日吉喜喪事均不取**	**宜：**牧養、納畜、開光、裁衣、合帳、安床、開市、掛匾、入殮、移柩、除靈、火葬、進金、安葬、求醫治病 **忌：**入宅、安香、嫁娶、動土	**宜：**祈福、酬神、出行、買車、牧養、納畜、訂婚、裁衣、合帳、嫁娶、動土、安床、求醫治病 **忌：**開市、入殮、除靈、火葬、進金、安葬	**是日凶星多吉星少宜事不取**
子辰巳午	丑寅卯午	子卯辰巳	子卯巳午	卯辰巳午	子辰巳午	丑寅卯午	子卯辰巳
沖牛3 歲煞西	**沖鼠4 歲煞北**	**沖豬5 歲煞東**	**沖狗6 歲煞南**	**沖雞7 歲煞西**	**沖猴8 歲煞北**	**沖羊9 歲煞東**	**沖馬10 歲煞南**
倉庫廁 房內東	廚灶碓 房內東	碓磨床 房內東	門雞栖 房內東	房床門 房內南	倉庫爐 房內南	廚灶廁 房內南	占碓磨 房內南

日期	星期	節日節氣	農曆	干支	每日宜忌	每日吉時	每日沖煞	每日胎神占方
16	六		初四	戊申	宜：酬神、開光、設醮、齊醮、裁衣、出火、安灶、入宅、安香、洽爐、掛匾、入殮、除靈、火葬、進金、安葬、求醫治病 **忌：**嫁娶、開市、動土	卯辰巳午	**沖虎 2 歲煞南**	房床爐 房內東
17	日		初五	己酉	**是日凶星多吉星少宜事不取**	子寅巳午	**沖兔 1 歲煞東**	占大門 外東北
18	一		初六	庚戌	宜：祈福、酬神、牧養、納畜、開光、設醮、齊醮、裁衣、動土、除靈、破土 **忌：**入宅、安香、嫁娶、安床、入殮、火葬、安葬、進金	子丑卯巳	**沖龍 60 歲煞北**	碓磨栖 外東北
19	二		初七	辛亥	宜：裁衣、合帳、動土、安灶 **忌：**開光、嫁娶、開市、安床、開刀、入殮、除靈、火葬、進金	丑寅卯午	**沖蛇 59 歲煞西**	廚灶床 外東北
20	三		初八	壬子	宜：入殮、移柩、除靈、火葬、進金、安葬 **忌：**入宅、安香、嫁娶、動土、牧養、納畜	子丑辰午	**沖馬 58 歲煞南**	倉庫碓 外東北
21	四		初九	癸丑	宜：求醫治病 **四離又逢三喪吉喜喪事均不取**	寅卯巳午	**沖羊 57 歲煞東**	房床側 外東北
22	五	冬至	初十	甲寅	宜：開光、裁衣、合帳、入殮、移柩、除靈、火葬、進金、安葬、求醫治病 **忌：**入宅、安香、嫁娶、開市、牧養、納畜、動土	子寅卯午	**沖猴 56 歲煞北**	占門爐 外東北
23	六		十一	乙卯	宜：入殮、除靈 **受死逢死神吉喜喪事均不取**	子丑卯巳	**沖雞 55 歲煞西**	碓磨門 外正東

31	30	29	28	27	26	25	24
日	六	五	四	三	二	一	日
十九	十八	十七	十六	十五	十四	十三	十二
癸亥	壬戌	辛酉	庚申	己未	戊午	丁巳	丙辰
宜：裁衣、合帳、動土、安灶 **忌：**開光、安床、開刀、嫁娶、入殮、除靈、火葬、進金、安葬	宜：祈福、酬神、牧養、納畜、開光、訂婚、裁衣、動土、安灶、掛匾、除靈、破土 **忌：**入宅、安香、嫁娶、安床、開市、安機械、入殮、火葬	宜：祈福、酬神、設醮、齋醮、裁衣、合帳、安床、作灶 **忌：**開市、嫁娶、開刀、入殮、除靈、火葬、進金、安葬	宜：酬神、出行、開光、訂婚、裁衣、嫁娶、出火、安灶、入宅、安香、洽爐、掛匾、入殮、除靈、火葬、進金、安葬、求醫治病 **忌：**開市、開刀	宜：動土、安床、入殮、除靈、破土 **忌：**開光、嫁娶、酬神、開市、火葬、進金、安葬	宜：破屋壞垣 **月破大耗最為不吉之神宜事不取**	**正四廢又逢重日吉喜喪事均不取**	宜：祈福、酬神、出行、開光、齊醮、訂婚、嫁娶、動土、安床、掛匾、入殮、移柩、除靈、破土、火葬、進金、安葬 **忌：**入宅、安香、開市
寅卯辰午	子丑巳午	子丑寅午	丑卯辰巳	子卯巳午	寅卯辰巳	子辰巳午	子寅卯午
沖蛇47 歲煞西	**沖龍48 歲煞北**	**沖兔49 歲煞東**	**沖虎50 歲煞南**	**沖牛51 歲煞西**	**沖鼠52 歲煞北**	**沖豬53 歲煞東**	**沖狗54 歲煞南**
占房床 外東南	倉庫栖 外東南	廚灶門 外東南	碓磨爐 外東南	占門廁 外正東	房床碓 外正東	倉庫床 外正東	廚灶栖 外正東

二〇二四年國曆一月

日期	星期	節日節氣	農曆	干支	每日宜忌	每日吉時	每日沖煞	每日胎神占方
1	一	元旦	二十	甲子	**宜：**酬神、入殮、移柩、除靈、火葬（地理師勿近之） **忌：**動土、入宅、安香、安門、嫁娶、安葬、進金	子丑 卯巳	**沖馬46 歲煞南**	占門碓 外東南
2	二		廿一	乙丑	**宜：**祈福、酬神、出行、買車、牧養、納畜、訂婚、裁衣、合帳、嫁娶、動土、安床、開市、掛匾、求醫治病 **忌：**入宅、安香、入殮、除靈、火葬	寅卯 辰巳	**沖羊45 歲煞東**	碓磨廁 外東南
3	三		廿二	丙寅	**宜：**訂婚、安床、入殮、移柩、除靈、火葬、進金、安葬 **忌：**入宅、安香、嫁娶、安門	子寅 卯午	**沖猴44 歲煞北**	廚灶爐 外正南
4	四		廿三	丁卯	**宜：**入殮、除靈 **受死逢死神吉喜喪事均不取**	子辰 巳午	**沖雞43 歲煞西**	倉庫門 外正南
5	五		廿四	戊辰	**宜：**酬神、出行、開光、訂婚、裁衣、嫁娶、出火、動土、安床、入宅、安香、洽爐、掛匾、入殮、除靈、破土、火葬、進金、安葬 **忌：**開市、納畜	寅卯 辰巳	**沖狗42 歲煞南**	房床栖 外正南
6	六	小寒	廿五	己巳	**節前宜：**祈福、酬神、設醮、安床、安灶 **節後宜：**祈福、酬神、納畜、設醮、動土、安床、安灶、掛匾 **忌：**入宅、安香、嫁娶、入殮、火葬	子卯 巳午	**沖豬41 歲煞東**	占門床 外正南
7	日		廿六	庚午	**宜：**酬神、出行、納畜、開光、齊醮、訂婚、裁衣、嫁娶、動土、安床、掛匾、入殮、除靈、破土、火葬、進金、安葬 **忌：**入宅、安香、開市、蓋屋	丑卯 辰巳	**沖鼠40 歲煞北**	占碓磨 外正南

15	14	13	12	11	10	9	8
一	日	六	五	四	三	二	一
初五	初四	初三	初二	十二月初一	廿九	廿八	廿七
戊寅	丁丑	丙子	乙亥	甲戌	癸酉	壬申	辛未
宜：開光、訂婚、裁衣、合帳、嫁娶、出火、動土、安床、入宅、洽爐、掛匾、入殮、移柩、除靈、破土、火葬、進金、安葬 **忌：**酬神、開市	**季月逢丑日謂正紅紗宜事不取**	**宜：**祈福、酬神、設醮、齋醮、裁衣、合帳、安床、入殮、移柩、除靈、火葬、進金、安葬 **忌：**開市、入宅、安香、嫁娶、開刀、造宅、全章	**宜：**祈福、酬神、出行、買車、牧養、納畜、設醮、訂婚、出火、動土、安灶、入宅、安香、開市、求醫治病 **忌：**開光、安床、入殮、火葬	**真滅沒宜事不取**	**宜：**入殮、移柩、除靈、火葬、安葬 **受死逢忌吉喜事惟行喪不忌**	**宜：**出行、買車、開光、訂婚、動土、開市、入殮、移柩、除靈、火葬、進金、安葬 **忌：**入宅、安香、開刀	**宜：**破屋壞垣 **月破大耗最為不吉之神宜事不取**
寅卯辰巳	子辰巳午	子丑寅卯	子丑卯辰	子丑卯午	寅辰巳午	子辰巳午	子寅卯午
沖猴32 歲煞北	**沖羊33 歲煞東**	**沖馬34 歲煞南**	**沖蛇35 歲煞西**	**沖龍36 歲煞北**	**沖兔37 歲煞東**	**沖虎38 歲煞南**	**沖牛39 歲煞西**
房床爐 外正西	倉庫廁 外正西	廚灶碓 外西南	碓磨床 外西南	門雞棲 外西南	房床門 外西南	倉庫爐 外西南	廚灶廁 外西南

日期	星期	節日節氣	農曆	干支	每日宜忌	每日吉時	每日沖煞	每日胎神占方
16	二		初六	己卯	**宜：**訂婚、裁衣、合帳、嫁娶、安床 **忌：**開光、入宅、安香、動土、入殮、除靈、火葬、進金、安葬	子卯巳午	**沖雞31 歲煞西**	占大門 外正西
17	三		初七	庚辰	**宜：**裁衣、合帳、安床 **忌：**開光、嫁娶、入宅、安香、入殮、除靈、火葬、進金	子卯辰巳	**沖狗30 歲煞南**	碓磨栖 外正西
18	四		初八	辛巳	**宜：**祈福、酬神、牧養、納畜、訂婚、嫁娶 **忌：**入宅、安香、開市、入殮、除靈、火葬、進金、安葬	子寅卯午	**沖豬29 歲煞東**	廚灶床 外正西
19	五		初九	壬午	**宜：**祈福、酬神、出行、開光、設醮、齋醮、安床、入宅、安香、洽爐、入殮、移柩、除靈、火葬、進金、安葬 **忌：**嫁娶、開市、上樑、安門	丑辰巳午	**沖鼠28 歲煞北**	倉庫碓 外西北
20	六	大寒	初十	癸未	**月破大耗最為不吉之神宜事不取**	寅卯辰巳	**沖牛27 歲煞西**	房床廁 外西北
21	日		十一	甲申	**宜：**出行、買車、開光、訂婚、裁衣、合帳、嫁娶、安灶、掛匾、入殮、移柩、除靈、火葬、進金、安葬 **忌：**入宅、安香、開市、安門、開刀	子卯巳午	**沖虎26 歲煞南**	占門爐 外西北
22	一		十二	乙酉	**宜：**入殮、移柩、除靈、火葬、安葬 **受死忌吉喜事惟行喪不忌**	子丑辰巳	**沖兔25 歲煞東**	碓磨門 外西北
23	二		十三	丙戌	**宜：**嫁娶、祭祀、捕捉、結網、取魚 **忌：**安床、開市、酬神、入殮、除靈、火葬、進金、安葬	丑寅卯午	**沖龍24 歲煞北**	廚灶栖 外西北

日期	星期		農曆	干支	宜忌		沖煞	胎神
24	三		十四	亥丁	宜：祈福、酬神、設醮、訂婚、裁衣、求醫治病 忌：安床、出行、開光、嫁娶、入宅、安香、入殮、除靈、火葬	子丑辰午	沖蛇23 歲煞西	倉庫床 外西北
25	四		十五	子戊	宜：裁衣、合帳、安床、入殮、移柩、除靈、火葬、進金、安葬 忌：入宅、安香、嫁娶、動土、開刀、開光	寅卯辰巳	沖馬22 歲煞南	房床碓 外正北
26	五	尾牙	十六	丑己	**正紅紗宜事不取**	子卯巳午	沖羊21 歲煞東	占門廁 外正北
27	六		十七	寅庚	宜：出行、買車、開光、訂婚、開市、入殮、除靈、求醫治病 忌：入宅、安香、嫁娶、火葬、進金、安葬	子丑辰巳	沖猴20 歲煞北	碓磨爐 外正北
28	日		十八	卯辛	宜：出行、買車、裁衣、合帳、嫁娶、安床、開市、入殮、移柩、火葬、進金、安葬 忌：酬神、入宅、安香、開光、動土、除靈	丑寅卯午	沖雞19 歲煞西	廚灶門 外正北
29	一		十九	辰壬	**是日凶星多吉星少宜事不取**	子辰巳午	沖狗18 歲煞南	倉庫栖 外正北
30	二		二十	巳癸	宜：牧養、納畜、開光、訂婚、裁衣、合帳、嫁娶、出火、安床、安灶、入宅、安香、掛匾 忌：開市、入殮、除靈、火葬、進金、安葬	卯辰巳午	沖豬17 歲煞東	占房床 房內北
31	三		廿一	午甲	宜：酬神、出行、納畜、開光、齋醮、訂婚、裁衣、嫁娶、出火、安床、入宅、安香、洽爐、掛匾、入殮、除靈、火葬、進金、安葬 忌：安門、蓋屋	丑卯巳午	沖鼠16 歲煞北	占門碓 房內北

附錄

兔年12生肖運勢

兔年即將到來，
十二個生肖，十二種運勢！
從一月到十二月，
各個生肖的月份運勢、
該注意的事項，這裡通通有。

鼠

4、16、28、40、52、64、76、88、100歲

今年運勢概況：❶喜有福星，天德吉星高照，紅鸞星臨未婚男女姻緣可期。❷桃花糾纏亦須防，交際應酬盡量少，夫妻感情自然好。❸年刑卷舌之嫌，壬子年男女逢貴人大吉。

農曆1月
運勢指數：★★
勿送喪及食喪家物，出外行車小心謹慎，以免災厄降臨，善心積德自有貴人相助。

農曆2月
運勢指數：★★★
交友恐受連累，因口角引起血光災禍，不可無防，紅鸞星動未婚男女婚姻可期。

農曆3月
運勢指數：★★★
雖有三合星照臨，有喜有憂，交友及事事須謹慎，以免官符纏身。

農曆4月
運勢指數：★★★★★
月德天喜吉星照臨，逢凶化吉，貴人相助，諸事亨通，諸事吉祥。

農曆5月
運勢指數：★
年刑又逢月破，諸事小心防範，注意色情風波而損財，有喜可破災，無喜百事來。

農曆6月
運勢指數：★★★★
凡事小心不得大意，妙有紫微吉星，解神降臨逢凶化吉，善道可安泰。

農曆7月
運勢指數：★★★★
遇金星照宮，祈求福德正神解厄，幸有三合吉星高照，可逢凶化吉。

農曆8月
運勢指數：★★★
多口舌之爭，防桃花引起風波，宜安分守己，喜有吉星高照，自可無慮。

農曆9月
運勢指數：★★
逢天狗星入宮，不利遠行，騎車留意，防損傷，病痛之憂，行善積德，自可安泰。

農曆10月
運勢指數：★
出外交友宜注意，以免受人連累與傷害，勿探病人，須防身體欠安。

農曆11月
運勢指數：★★★
逢喜可破災，行善積德保平安，妙有金匱吉星，禍去福來，財利希達。

農曆12月
運勢指數：★★★★★
喜逢六合太陽吉星高照，多行善德，財喜盈門，家中生百福。

牛

3、15、27、39、51、63、75、87、99**歲**

今年運勢概況：❶喜有天解神至臨，凡事積德做善事，自有好運到。❷天狗、弔客，月殺等凶星值宮，防血光之災，宜樂善好施。❸寡宿凶星出現，夫妻恐有刑剋，宜互相體諒包容。

農曆 1月
運勢指數：★★★
不可言吉，注意錢財管理，謹防多災多難，若能修身積德，可得安泰。

農曆 2月
運勢指數：★★
美中不足更須小心，勿管他人事，以免是非糾纏，勿探病與食喪物。

農曆 3月
運勢指數：★★
貫索交運，易生事煩擾，防暗中受害連累，女則平安順利，但防身體欠安。

農曆 4月
運勢指數：★★★★
月逢三合星照臨，但處事宜保守安分，最好常至福德宮拜，可祈保平安順利。

農曆 5月
運勢指數：★★
須防身體欠安，恐有桃花纏身，引起風波而損財，不可妄動行事。

農曆 6月
運勢指數：★
逢破沖動，事事受阻礙，不慎恐破財，若能善心積德，諸事享通。

農曆 7月
運勢指數：★★★★
幸有貴人，喜多吉星相助，未婚者良緣可望，但須防官符星動。

農曆 8月
運勢指數：★★★★★
月逢三合，吉星多助，名利雙收，但心宜安定，事事三思而後行。

農曆 9月
運勢指數：★★★★★
天德福星喜臨來，財喜臨門多吉慶，自有貴人來扶持，諸事亨通名利雙收。

農曆 10月
運勢指數：★★★
不可言吉，須防意外飛來橫禍不可大意，修身積德，勿管他人事保平安。

農曆 11月
運勢指數：★★★
注意身體健康，夫妻不睦恐婚姻破碎，幸有歲合吉星臨，逢凶化吉。

農曆 12月
運勢指數：★★
伏吟劍鋒必須知，凡事注意交友應慎防，出外小心防損傷之災。

虎

2、14、26、38、50、62、74、86、98歲

今年運勢概況：❶陌越近身，交友謹慎免受害，事事三思而行。❷病符凶星照宮，宜注意身體健康，勿探病，勿食喪物。❸亡神與天官符臨，交友須謹慎，免於受害與連累犯官符。

農曆1月
運勢指數：★
伏吟劍鋒並至，交友宜謹慎，提防朋友失信背約損財，倒會或借錢不還。

農曆2月
運勢指數：★★
是月勿出國遠行以保平安，恐有情色風波之慮，切須注意，防家庭風波。

農曆3月
運勢指數：★★★
不可言吉，須防孝服糾纏，必防意外之災，多行善積德，祈求平安順心。

農曆4月
運勢指數：★★
逢刑勾絞至，易生事煩擾，防暗中受害連累，女則平安順利，但防身體欠安。

農曆5月
運勢指數：★★★★
須防小人官災，妙有三合吉星與金匱，逢凶化吉，財喜臨門，諸事多吉慶。

農曆6月
運勢指數：★★★
逢德解化天喜臨，萬事亨通財利廣，勿強貪免生災，須防小人。

農曆7月
運勢指數：★
解神逢歲破，求財求利多奔勞，身心不定恐受害，注意血光之災。

農曆8月
運勢指數：★★★★
龍德星逢紫微，事事可順利，家業興隆慶有餘，安分守己造福永祥宜。

農曆9月
運勢指數：★★★★
三合扶助，逢凶化吉，忠誠行事自有後望，善心好德萬事皆吉利。

農曆10月
運勢指數：★★★
漸入佳境，逢合有德，利路亨通，但須防友來借錢，或口舌之爭論，招來是非。

農曆11月
運勢指數：★★
出外行車處處小心注意，勿送喪，須防孝服，善德而行，可免意外之災。

農曆12月
運勢指數：★★
逢病符凶星入宮，注意身體健康，勿貪不義之財，得意須防失意時。

兔

1、13、25、37、49、61、73、85、97歲

今年運勢概況：❶宜安太歲吉，可祈求保平安，事事順心 事事如意。❷年逢劍鋒又伏吟，謹防打鬥及血光之災。❸喜有金匱吉星照臨，多求福德正神，自可無憂。

農曆1月
運勢指數：★★
逢病符凶星入宮，注意身體健康，勿貪不義之財，須防小人暗中陷害。

農曆2月
運勢指數：★★★
貴人相助有美景，財源廣進利亨通，惟須防血光之厄到家中。

農曆3月
運勢指數：★★★
太陽高照，貴人扶持，但天空入宮，勿管閒事，防是非破財，防家庭風波。

農曆4月
運勢指數：★★
勿送喪及食喪物，諸事宜節守，腳踏實地，謹防朋友連累，以免引來牢獄之災。

農曆5月
運勢指數：★★
月逢天喜星臨，未婚男女婚姻可期，須防言語風波，應謹言慎行，已婚防桃花。

農曆6月
運勢指數：★★★
喜逢三合與解神，必有喜慶吉臨，須防色情陷害，引起家庭風波。

農曆7月
運勢指數：★★★★
多行善德，謀事可達，外出小心以免損財，幸有月德解神臨，可逢凶化吉。

農曆8月
運勢指數：★
此月多是非，處處宜小心，勿投資閒事勿管，出外行車須注意，多行善道。

農曆9月
運勢指數：★★★★
喜逢紫微龍德，美德生香，元神光彩，財喜並臨存心積德，自有吉慶佳境。

農曆10月
運勢指數：★★★
雖有三合拱照，但白虎星來照，慎防身體受傷，最好拜福德正神祈求平安。

農曆11月
運勢指數：★★★
防口角是非多端，或桃花纏身風波，幸有天德福星到可化解。

農曆12月
運勢指數：★★
注意外來之禍或夫妻刑剋，若能多行善德，加上天解神可逢凶化吉。

龍

12、24、36、48、60、72、84、96、108歲

今年運勢概況：❶妙逢太陽吉星高照，人逢喜事喜洋洋，諸事大吉大利。❷逢天空之星，交友慎重注意，恐有色情之厄。❸陰殺凶星照臨，易小人陷害，招惹是非。

農曆 1月

運勢指數：★★★
出外行車要小心，以免意外災厄發生，不義之財勿貪，宜善道而行，可得平安。

農曆 2月

運勢指數：★★★
六害病符到宮，宜謹慎提防，勿探病，注意身體健康，定期做健康檢查。

農曆 3月

運勢指數：★★
太歲劍鋒之遇，出外行車宜小心謹慎，凡事須三思而行，不可妄動而造成遺憾。

農曆 4月

運勢指數：★★★
太陽高照，貴人扶持，但天空入宮，勿管閒事，防是非破財及家庭風波。

農曆 5月

運勢指數：★★
勿送喪及食喪物，謹防血光之厄，幸有解神化吉，注意色情之事起風波。

農曆 6月

運勢指數：★★
逢殺勾絞又太陰，恐有小人暗中陷害，防官非之厄或口角多端之事發生。

農曆 7月

運勢指數：★★★★
正道之財方可得，不法之財切莫貪，免犯官非之災，妙逢三合吉星來化解。

農曆 8月

運勢指數：★★★
桃花運纏身至，須防言語風波及損財，妙有月德六合解，勿貪不義財自安泰。

農曆 9月

運勢指數：★
破碎大耗向前來，注意防守可避災，金錢花費須節制，宜量入為出。

農曆 10月

運勢指數：★★★★
龍德星入宮，貴人高照，喜事重重，貴人提拔，遠行有財利可圖，生意興隆。

農曆 11月

運勢指數：★★★★
可至福德廟祈求順利，再逢三合金匱，可逢化吉，財利亨達喜盈門。

農曆 12月

運勢指數：★★★
閒事勿管，遠離是非，喜有天德照臨，福星來相伴，財源亨通，吉事臨門。

蛇

11、23、35、47、59、71、83、95、107歲

今年運勢概況：❶逢驛馬，辛苦奔波求財利可得，有住宅變遷及出國機會。❷喪門星至，事事須防備，注意孝服相纏，多行善德。❸飛廉大殺凶星照臨，出外行車小心謹慎，以免意外發生。

農曆1月
運勢指數：★★★★★
慎防口角多端而損財，幸有天德福德星照臨，貴人相助，家中生百福。

農曆2月
運勢指數：★
逢天狗星入度，不利遠行，騎車留意防損傷，諸事宜謹慎防病痛之憂。

農曆3月
運勢指數：★★★
注意身體，謹防桃花糾纏，惹出官非之災，幸有天喜吉星降臨，自可安泰。

農曆4月
運勢指數：★★
雖解神星照臨，心宜穩重，須防不測是非，出外行車小心注意，注意血光之厄。

農曆5月
運勢指數：★★★
月有太陽星照臨來，掌握良緣來結成，女人須防產厄與水厄，以免事來憂。

農曆6月
運勢指數：★★★★
勿送喪及食喪家物，出外行車小心謹慎，以免災厄降臨，善心積德自有貴人相助。

農曆7月
運勢指數：★★★
逢合化刑，大事可化小，須防交友禍端多，不慎恐有連累事煩勞。

農曆8月
運勢指數：★★★★★
交友小心免官災，喜有將星金匱三合來，心存正氣逢凶化吉，財喜雙至名利雙收。

農曆9月
運勢指數：★★
逢紅鸞星入宮，未婚男女婚姻可成，若已婚則防家庭風波，防身體欠安。

農曆10月
運勢指數：★
破碎大耗值月，步步小心而行，不可投資免損財之慮，多祈吉祥安泰。

農曆11月
運勢指數：★★★★★
紫微龍德吉星伴照，多行善德，財喜臨門，諸事如意，逢凶化吉，凡事無憂。

農曆12月
運勢指數：★★
白虎入宮，易傷人口及其它不測之事，防朋友失信，損財倒會或借錢不還。

馬

10、22、34、46、58、70、82、94、106歲

今年運勢概況：❶逢天喜吉星，逢凶化吉，心存正氣，可有喜慶盈門。❷太陰至臨，男人須注意身體或色情風波，女人大吉。❸勾絞凶星勿輕忽，交友謹慎小心，以免受連累。

農曆1月
運勢指數：★★★★
三合吉星照臨來，可惜飛廉地殺來阻礙，須到福德宮拜拜求化解。

農曆2月
運勢指數：★★★
天喜多位吉星來相助，未婚男女喜良緣，須防口舌是非多得失。

農曆3月
運勢指數：★★★
事事小心提防，以免意外之災厄，心不可浮沉不定及色情風波惹是非。

農曆4月
運勢指數：★★
勿出國遠行及夜行，慎防仙人跳損財之災，注意身體健康，善心積德禍不臨。

農曆5月
運勢指數：★★
劍鋒之遇，出外行車處處小心謹慎，凡事須三思而行，不可妄動而造成遺憾。

農曆6月
運勢指數：★
太陽高照，貴人扶持，但天空入宮，勿管閒事，是非破財，防家庭風波。

農曆7月
運勢指數：★★
本月求財求利遠方勞，須防身體欠安，亦須注意孝服近身。

農曆8月
運勢指數：★★★★
紅鸞星動逢喜來，未婚男女有緣來，已婚之人心宜定，否則逢害又損財。

農曆9月
運勢指數：★★★★
官非糾纏宜留意，幸有三合吉星高照，可大事化小，小事化無，諸事順暢。

農曆10月
運勢指數：★★★★
喜有月德貴人來相助，生意興隆有規模財利亨通，吉慶來臨也無阻礙。

農曆11月
運勢指數：★
逢破之月，交友須小心謹慎，避免損財之災，最好多行善德以保平安。

農曆12月
運勢指數：★★
吉凶參半，恐有損財，出外行車小心提防，勿管他人事，則免日後愁。

羊

9、21、33、45、57、69、81、93、105歲

今年運勢概況：❶幸有解神吉星，逢凶化吉，財喜盈門。❷華蓋星臨，外緣佳，名利雙收。❸年逢五鬼來交纏，慎防小人，善心積德，免意外之愁。

農曆1月
運勢指數：★★★★★
紫微龍德吉星伴照，多行善德，財喜臨門，諸事如意，逢凶化吉，諸事無憂。

農曆2月
運勢指數：★★★★★
三合天解又金匱，財喜雙至樂洋洋，家門瑞氣迎吉祥，事業宏圖大展。

農曆3月
運勢指數：★★★★
福德及天德，福星會貴人，諸事多吉慶，須防飛刃至，禍從口出。

農曆4月
運勢指數：★★
在此驛馬多奔波，求財得利甚操勞，須防小人暗中阻礙與陷害，破財損傷之災。

農曆5月
運勢指數：★★
逢病符凶星入宮，注意身體健康，勿貪不義之財，得意須防失意時。

農曆6月
運勢指數：★
太歲劍鋒凶星照宮，凡事三思而行，以免惹出禍端或血光之災。

農曆7月
運勢指數：★★★
太陽與紅鸞，出外行車小心勿遠行及夜行，未婚男女婚姻可期，已婚防夫妻不睦。

農曆8月
運勢指數：★★
開車出外宜細心注意，心存善德，以免意外之災厄從天而降，則免日後愁。

農曆9月
運勢指數：★★
女人吉男人防桃色風波，注意出外行車或夜間勿遠行，以免有血光之害。

農曆10月
運勢指數：★★
遇官符至，逢三合解化，若無光中慮，恐有暗中憂，慎防強出頭引來日後憂。

農曆11月
運勢指數：★★★
恐有桃花纏身，因而破財失和，宜安分守己，仁慈善心，幫助別人，可逢凶化吉。

農曆12月
運勢指數：★
工作恐有不順受阻礙或投資失利，宜心存善念，積德造福，自可順利安泰。

猴

8、20、32、44、56、68、80、92、104歲

今年運勢概況：❶妙逢月德地解吉星臨，逢凶化吉，心存正氣，喜慶盈門。
❷劫殺來纏宮，注意金錢投資謹慎，防周轉不靈。
❸遇死符纏宮，出外行車小心注意，須注意身體健康。

農曆 1月
運勢指數：★
逢破之月須注意，勿管閒事，防牢獄之災及損財，宜多行善積德。

農曆 2月
運勢指數：★★★★
多有吉星喜高照，逢貴人扶助喜氣臨，家生百福，瑞氣千祥。

農曆 3月
運勢指數：★★
雖有三合吉星來化解，但是飛殺白虎亦有來，最好祈求福德正神保祐平安。

農曆 4月
運勢指數：★★★★
須防口舌之爭，而引起破財，尚有六合貴人多位吉星扶助，自可順通。

農曆 5月
運勢指數：★★★
開車出外事事小心，以免意外禍端或非法之事勿行，避免官災纏身。

農曆 6月
運勢指數：★★
逢紅鸞星動，已婚憂未婚喜，亦有病符凶星，定時做健康檢查，防病痛之憂。

農曆 7月
運勢指數：★★
太歲劍鋒降臨來，恐有禍端糾纏或小人暗中陷害，而災厄臨身。

農曆 8月
運勢指數：★★★
逢太陽星高照，有財有祿喜氣來，月到中秋又添財，女人須防色情及夫妻反睦。

農曆 9月
運勢指數：★★
逢喪門入宮，須防孝服，忌探病或食喪家物品，更應注意身體健康。

農曆 10月
運勢指數：★
恐有小人暗中陷害設計，造成官災之厄或夫妻刑剋，謹慎防之。。

農曆 11月
運勢指數：★★★★
交友謹慎以免官符纏身，幸有三合金匱吉星照臨，逢凶化吉可安泰。

農曆 12月
運勢指數：★★★★
幸有天喜月德吉星照臨，美德生香喜氣臨，謀事通達，但須注意身體健康。

雞

7、19、31、43、55、67、79、91、103歲

今年運勢概況：❶歲破大耗來阻礙，交友細心謹慎，非法勿近免官災。❷月空凶星臨，出外小心，閒事勿管，以免災殃至。❸災殺星至，宜修身養性，注意身體健康，勿投資作擔保。

農曆 1月

運勢指數：★★★

注意言行以免口角多端，幸有月德吉星，貴人相助，自有財福臨門。

農曆 2月

運勢指數：★

逢破又大耗，經商出外宜小心，交友親朋防連累，以免受害犯官非。

農曆 3月

運勢指數：★★★★★

六合龍德喜來至，多有吉星來照耀，諸事順暢，事業亨通樂逍遙。

農曆 4月

運勢指數：★★★★

金星糾纏祈求福德正神化解，喜有三合吉星財福臨來，諸事大吉昌。

農曆 5月

運勢指數：★★★

閒事勿管，以免口角是非，注意色情防仙人跳，妙有福星天德解化，望諸事無憂。

農曆 6月

運勢指數：★★★

諸事要細心，不可大意以免意外禍厄臨身，若能修身積德，以保安泰。

農曆 7月

運勢指數：★★

須防小人設計陷害，注意身體健康，非法之事請勿行，以免官災之糾纏。

農曆 8月

運勢指數：★★

處事宜小心，三思而後行，善心積德，可得佳音諸事吉，財利盈門。

農曆 9月

運勢指數：★★★★

行月男吉，女注意健康，雖是無大礙，亦不可大意，須善心好德，自有貴人相助。

農曆 10月

運勢指數：★★

注意身邊之人平安順境，勿探病，勿送喪，勿管他人是非，自求平安順心。

農曆 11月

運勢指數：★★★

幸有吉星，財利亨通，但交友宜細心謹慎，以免受害，男人身體宜注意。

農曆 12月

運勢指數：★★

須防官符血光，妙有三合天解，逢凶化吉，財喜臨門，注意桃花糾纏。

狗

6、18、30、42、54、66、78、90、102歲

今年運勢概況：❶妙逢歲合，多行善德財利可得，逢凶化吉諸事吉慶。❷妙有紫微吉星至，逢凶化吉，有偏財運，取之有道。❸暴敗又天殺凶星照宮，恐有損財及血光發生，慎防之。

農曆 1月
運勢指數：★★★
交友小心，以免連累官符之災，多行善德以保平安，妙逢三合吉星逢凶化吉。

農曆 2月
運勢指數：★★★
注意身體健康，須防桃花纏身，造成損財，幸有月德六合，逢凶化吉。

農曆 3月
運勢指數：★
逢破遇耗，諸事須三思而行，恐有受阻礙之處，存心積德，自可安泰。

農曆 4月
運勢指數：★★★
凡事須謹慎，逢紅鸞星動，紫微星照護，謀事順利，自有財福盈門。

農曆 5月
運勢指數：★★★★
月逢金星，最好到福德廟祈求解厄，則可財利順通，再逢三合吉星，喜氣臨門。

農曆 6月
運勢指數：★★★★
須防口角是非多端應留意，幸有天德高照，貴人相助，步步漸入佳境，諸事吉慶。

農曆 7月
運勢指數：★★
凶星降臨，不可言吉，須防不測之事，開車出行謹慎，注意孝服近身。

農曆 8月
運勢指數：★★
逢病符凶星入宮，注意身體健康，勿貪不義之財，守之安泰，妄動招災。

農曆 9月
運勢指數：★★★
劍鋒之月須謹慎，以免血光之厄，損財之殃，有喜可破災，多求善德，以保平安。

農曆 10月
運勢指數：★★★★
勿出國遠遊，注意金錢被劫而損，妙逢天喜太陽高照，逢凶化吉，喜來臨。

農曆 11月
運勢指數：★★
心宜堅定，注意色情風波，幸有天解神照宮，須防血光則免受傷，多種善果。

農曆 12月
運勢指數：★★★
男宜注意身體健康，交友小心謹防，以免暗中受害，多行善德以保安泰無憂。

豬

5、17、29、41、53、65、77、89、101歲

今年運勢概況：❶白虎星照臨，同事之間應和氣相處，至福德廟內求保平安。❷地殺，交友慎防連累，以免災臨與官非，善心積德為吉。❸天雄凶星照宮，恐有損財及血光發生，慎防之。

農曆 1月

運勢指數：★★

勾絞行運，易生事煩擾，防暗中受害連累，女則平安順利，男防身體欠安。

農曆 2月

運勢指數：★★★

注意小人陷害官符纏身，幸有三合金匱吉星來高照，行善積德，自然逢凶化吉。

農曆 3月

運勢指數：★★★★★

注意身體健康，吉星高照禍去福來，財喜盈門，得意從心願謀事通達。

農曆 4月

運勢指數：★

逢破又劫，恐有暗中愁，經商事業須細心，奔波辛苦也難成，須防得少失多。

農曆 5月

運勢指數：★★★★★

諸事三思謹慎，勿大意，紫微星照護，順水行舟，諸事通達可得成功。

農曆 6月

運勢指數：★★

白虎入宮，易傷人口，及其它不測之事，幸有三合吉星，可望大事化小。

農曆 7月

運勢指數：★★★

注意口角而損財，幸有天德福星來助，貴人相扶多得意，諸事順暢。

農曆 8月

運勢指數：★★

出外行車必小心，非法之事請勿行，祈保闔家平安，須防孝服近身。

農曆 9月

運勢指數：★★

注意身體健康，凡事不可妄動，以免外來之禍，須防夫妻刑剋，而引風波。

農曆 10月

運勢指數：★★★

心性未堅定，亦恐有色情風波或引起血光之厄，凡事小心，多行善德。

農曆 11月

運勢指數：★★★★

幸有太陽來拱照，美德生香臨照耀，男性上吉，未婚者姻緣可望。

農曆 12月

運勢指數：★★★

勿管他人事，以免招是非，祈求合家安泰，以免孝服近身。

一一二癸卯年百歲年齡生肖對照表

中國年號	日治紀元 西曆公元	六十甲子	生肖	年齡
民國十三	(大正十三年) 1924	甲子	鼠	100歲
民國十四	(大正十四年) 1925	乙丑	牛	99歲
民國十五	(昭和一年) 1926	丙寅	虎	98歲
民國十六	(昭和二年) 1927	丁卯	兔	97歲
民國十七	(昭和三年) 1928	戊辰	龍	96歲
民國十八	(昭和四年) 1929	己巳	蛇	95歲
民國十九	(昭和五年) 1930	庚午	馬	94歲
民國二十	(昭和六年) 1931	辛未	羊	93歲
民國廿一	(昭和七年) 1932	壬申	猴	92歲
民國廿二	(昭和八年) 1933	癸酉	雞	91歲
民國廿三	(昭和九年) 1934	甲戌	狗	90歲
民國廿四	(昭和十年) 1935	乙亥	豬	89歲
民國廿五	(昭和十一年) 1936	丙子	鼠	88歲
民國廿六	(昭和十二年) 1937	丁丑	牛	87歲
民國廿七	(昭和十三年) 1938	戊寅	虎	86歲
民國廿八	(昭和十四年) 1939	己卯	兔	85歲
民國廿九	(昭和十五年) 1940	庚辰	龍	84歲
民國三十	(昭和十六年) 1941	辛巳	蛇	83歲
民國卅一	(昭和十七年) 1942	壬午	馬	82歲
民國卅二	(昭和十八年) 1943	癸未	羊	81歲
民國卅三	(昭和十九年) 1944	甲申	猴	80歲
民國卅四	(昭和二十年) 1945	乙酉	雞	79歲
民國卅五	(昭和廿一年) 1946	丙戌	狗	78歲
民國卅六	(昭和廿二年) 1947	丁亥	豬	77歲
民國卅七	1948	戊子	鼠	76歲

中國年號	西曆公元	六十甲子	生肖	年齡
民國卅八	1949	己丑	牛	75歲
民國卅九	1950	庚寅	虎	74歲
民國四十	1951	辛卯	兔	73歲
民國四一	1952	壬辰	龍	72歲
民國四二	1953	癸巳	蛇	71歲
民國四三	1954	甲午	馬	70歲
民國四四	1955	乙未	羊	69歲
民國四五	1956	丙申	猴	68歲
民國四六	1957	丁酉	雞	67歲
民國四七	1958	戊戌	狗	66歲
民國四八	1959	己亥	豬	65歲
民國四九	1960	庚子	鼠	64歲
民國五十	1961	辛丑	牛	63歲
民國五一	1962	壬寅	虎	62歲
民國五二	1963	癸卯	兔	61歲
民國五三	1964	甲辰	龍	60歲
民國五四	1965	乙巳	蛇	59歲
民國五五	1966	丙午	馬	58歲
民國五六	1967	丁未	羊	57歲
民國五七	1968	戊申	猴	56歲
民國五八	1969	己酉	雞	55歲
民國五九	1970	庚戌	狗	54歲
民國六十	1971	辛亥	豬	53歲
民國六一	1972	壬子	鼠	52歲
民國六二	1973	癸丑	牛	51歲

中國年號	西曆公元	六十甲子	生肖	年齡
民國六三	1974	甲寅	虎	50歲
民國六四	1975	乙卯	兔	49歲
民國六五	1976	丙辰	龍	48歲
民國六六	1977	丁巳	蛇	47歲
民國六七	1978	戊午	馬	46歲
民國六八	1979	己未	羊	45歲
民國六九	1980	庚申	猴	44歲
民國七十	1981	辛酉	雞	43歲
民國七一	1982	壬戌	狗	42歲
民國七二	1983	癸亥	豬	41歲
民國七三	1984	甲子	鼠	40歲
民國七四	1985	乙丑	牛	39歲
民國七五	1986	丙寅	虎	38歲
民國七六	1987	丁卯	兔	37歲
民國七七	1988	戊辰	龍	36歲
民國七八	1989	己巳	蛇	35歲
民國七九	1990	庚午	馬	34歲
民國八十	1991	辛未	羊	33歲
民國八一	1992	壬申	猴	32歲
民國八二	1993	癸酉	雞	31歲
民國八三	1994	甲戌	狗	30歲
民國八四	1995	乙亥	豬	29歲
民國八五	1996	丙子	鼠	28歲
民國八六	1997	丁丑	牛	27歲
民國八七	1998	戊寅	虎	26歲

年號	西曆公元	六十甲子	生肖	年齡
民國八八	1999	己卯	兔	25歲
民國八九	2000	庚辰	龍	24歲
民國九十	2001	辛巳	蛇	23歲
民國九一	2002	壬午	馬	22歲
民國九二	2003	癸未	羊	21歲
民國九三	2004	甲申	猴	20歲
民國九四	2005	乙酉	雞	19歲
民國九五	2006	丙戌	狗	18歲
民國九六	2007	丁亥	豬	17歲
民國九七	2008	戊子	鼠	16歲
民國九八	2009	己丑	牛	15歲
民國九九	2010	庚寅	虎	14歲
民國一〇〇	2011	辛卯	兔	13歲
民國一〇一	2012	壬辰	龍	12歲
民國一〇二	2013	癸巳	蛇	11歲
民國一〇三	2014	甲午	馬	10歲
民國一〇四	2015	乙未	羊	9歲
民國一〇五	2016	丙申	猴	8歲
民國一〇六	2017	丁酉	雞	7歲
民國一〇七	2018	戊戌	狗	6歲
民國一〇八	2019	己亥	豬	5歲
民國一〇九	2020	庚子	鼠	4歲
民國一一〇	2021	辛丑	牛	3歲
民國一一一	2022	壬寅	虎	2歲
民國一一二	2023	癸卯	兔	1歲

詹惟中 2023 開運農民曆

風水名師詹惟中的獨創開運書，全方位解析流年，
讓你 2023 年玉兔迎春，好運年年增！

作　　者—詹惟中
攝　　影—詹建華
妝　　髮—廖佩玟
責任編輯—呂增娣、王苹儒
編輯協力—徐詩淵
封面設計—FE 設計 葉馥儀
內頁設計—楊雅屏
行銷企劃—吳孟蓉
副總編輯—呂增娣
總 編 輯—周湘琦

董 事 長—趙政岷
出 版 者—時報文化出版企業股份有限公司
108019 台北市和平西路三段 240 號 2 樓
發行專線—(02)2306-6842
讀者服務專線—0800-231-705　(02)2304-7103
讀者服務傳真—(02)2304-6858
郵撥—19344724 時報文化出版公司
信箱—10899 臺北華江橋郵局第 99 信箱
時報悅讀網—http://www.readingtimes.com.tw
電子郵件信箱—books@readingtimes.com.tw
生活線臉書—https://www.facebook.com/ctgraphics
法律顧問—理律法律事務所　陳長文律師、李念祖律師
印　　刷—勁達印刷有限公司
初版一刷—2022 年 9 月 30 日
定　　價—新台幣 390 元

詹惟中 2023 開運農民曆：風水名師詹惟中的獨創開運書，全方位解析流年，讓你 2023 年玉兔迎春，好運年年增！/ 詹惟中作 . -- 初版 . -- 臺北市：時報文化出版企業股份有限公司，2022.10
面；　公分
ISBN 978-626-335-911-6(平裝)
1.CST: 命書 2.CST: 改運法
293.1　　111014265